KB066273

코파닉스

발음기호

코파닉스 발음기호

ⓒ 이동훈, 2017

초판 1쇄 인쇄일 2017년 5월 2일
초판 1쇄 발행일 2017년 5월 10일

지은이 이동훈
편집 김현주
펴낸이 김지영   **펴낸곳** 지브레인^{Gbrain}
마케팅 조명구   **제작** 김동영

출판등록 2001년 7월 3일 제2005-000022호
주소 (04047) 서울시 마포구 어울마당로 5길 25-10 유카리스티아빌딩 3층
전화 (02)2648-7224   **팩스** (02)2654-7696

ISBN   978-89-5979-497-3 (04740)
          978-89-5979-496-6 SET

본문이미지를 아래 이미지 사이트 및 퍼블릭도메인을 사용했습니다.
http://www.freepik.com, https://www.ac-illust.com, https://www.vecteezy.com/

발음에서 문장까지 단 한번에 끝내는

코파닉스
KOREA
PHONICS

발음기호

이동훈 지음

작은책방

작가의 말

　요즘 학생들은 사전을 보고 단어를 읽을 수 있는 학생들이 많지 않습니다. 그 이유는 발음기호를 모르기 때문입니다. 고등학교에서는 너무 기초적인 단계라고 생각하여 아예 언급조차 하지 않습니다. 초등학교와 중학교에서는 학생들이 단어를 읽을 때 발음기호까지 배우면 너무 어렵게 생각할 것이 염려되어 가르치지 않습니다. 결국 발음기호를 배울 기회가 전혀 없는 셈입니다. 그러다 보니 대학생이 되어서도 사전을 보고 단어를 제대로 읽지 못하는 학생이 있습니다.

　코파닉스 시리즈를 완벽하게 익히고 난 후에도 모든 단어를 읽을 수 있는 것은 아닙니다. 그 이유는 발음기호 없이는 정확하게 읽을 수 없는 단어가 많기 때문입니다.

　발음기호를 알아야 정확한 영어발음을 제대로 읽을 수 있습니다.

《코파닉스 발음기호》의 문장 해석은 단어의 뜻을 명확하게 이해하는 것이 목적입니다. 따라서 단어 하나하나의 의미에 충실하게 번역되어 있습니다.

이 책은 세 부분으로 구성되어 있습니다.

첫 번째 부분은 동화에 나오는 단어를 그림과 발음기호를 넣어서 연습하도록 구성되어 있습니다.

두 번째 부분은 동화에 나오는 단어를 발음기호만 넣어서 다시 연습하도록 해 그림 없이도 단어를 읽는 적응력이 생기도록 했습니다.

세 번째 부분은 10개의 주제와 상황을 정하여 다양한 단어와 문장이 읽힐 수 있도록 구성하였습니다.

6~8쪽은 모음과 자음의 발음기호를 정리한 것입니다. 전부 다 외워야 하기 때문에 연습문제를 만들어서 도움이 되도록 하였습니다. 연습문제 부분은 복사하여 써도 되며 완전히 외워야 합니다. 그런 다음에 단어를 보면서 확인해 보세요.

영어 발음 기호표

모음

기호	[a]	[e]	[i]	[o]	[u]	[ə]	[ʌ]	[ɔ]	[ɛ]	[æ]
발음	아	에	이	오	우	어	어	오	에	애

주의할 발음 : 반모음 혹은 반자음이라고도 부르지만 자음으로 취급한다.

기호	[j]	[w]
발음	이	우

[j]는 혼자서 사용되지 않고, 뒤에 [a] [e] [o] [u]가 나와서 다음과 같이 발음된다.

기호	[ja]	[je]	[jo]	[ju]
발음	야	예	요	유

장모음 : 길게 발음하는 기호인데, 실제 발음할 때는 같은 발음을 작게 이으면서 한 번에 발음하듯이 소리를 내면 자연스럽다.

기호	[a:]	[e:]	[i:]	[o:]	[u:]	[ə:]
발음	아아	에에	이이	오오	우우	어어

유성자음

기호	[b]	[d]	[l]	[m]	[n]	[r]	[v]	[z]	[ʤ]	[ʒ]	[ð]	[g]	[ŋ]
발음	ㅂ	ㄷ	ㄹㄹ	ㅁ	ㄴ	ㄹ	ㅂ	ㅈ	쥐	ㅈ	ㄷ	ㄱ	ㅇ

무성자음

기호	[f]	[h]	[k]	[p]	[s]	[t]	[ʃ]	[tʃ]	[θ]	[ts]
발음	ㅍ	ㅎ	ㅋ	ㅍ	ㅅ/ㅆ	ㅌ	쉬	취	뜨/쓰	ㅊ

영어 발음 기호 연습

모음

기호	[a]	[e]	[i]	[o]	[u]	[ə]	[ʌ]	[ɔ]	[ɛ]	[æ]
발음										

주의할 발음 : 반모음 혹은 반자음이라고도 부르지만 자음으로 취급한다.

기호	[j]	[w]
발음		

[j]는 혼자서 사용되지 않고, 뒤에 [a] [e] [o] [u]가 나와서 다음과 같이 발음된다.

기호	[ja]	[je]	[jo]	[ju]
발음				

장모음 : 길게 발음하는 기호인데, 실제 발음할 때는 같은 발음을 작게 이으면서 한 번에 발음하듯이 소리를 내면 자연스럽다.

기호	[a:]	[e:]	[i:]	[o:]	[u:]	[ə:]
발음						

유성자음

기호	[b]	[d]	[l]	[m]	[n]	[r]	[v]	[z]	[ʤ]	[ʒ]	[ð]	[g]	[ŋ]
발음													

무성자음

기호	[f]	[h]	[k]	[p]	[s]	[t]	[ʃ]	[ʧ]	[θ]	[ts]
발음										

모음

기호	[a]	[e]	[i]	[o]	[u]	[ə]	[ʌ]	[ɔ]	[ɛ]	[æ]
발음										

주의할 발음 : 반모음 혹은 반자음이라고도 부르지만 자음으로 취급한다.

기호	[j]	[w]
발음		

[j]는 혼자서 사용되지 않고, 뒤에 [a] [e] [o] [u]가 나와서 다음과 같이 발음된다.

기호	[ja]	[je]	[jo]	[ju]
발음				

장모음 : 길게 발음하는 기호인데, 실제 발음할 때는 같은 발음을 작게 이으면서 한 번에 발음하듯이 소리를 내면 자연스럽다.

기호	[a:]	[e:]	[i:]	[o:]	[u:]	[ə:]
발음						

유성자음

기호	[b]	[d]	[l]	[m]	[n]	[r]	[v]	[z]	[ʤ]	[ʒ]	[ð]	[g]	[ŋ]
발음													

무성자음

기호	[f]	[h]	[k]	[p]	[s]	[t]	[ʃ]	[tʃ]	[θ]	[ts]
발음										

목차

작가의 말   4

영어 발음 기호표   6

1
sleeping beauty

다음 단어와 문장을 읽고 그 의미를 생각해 보세요.
(괄호 안에 있는 것은 발음기호입니다.)

princess [prinsés] 공주

1. A **princess** is born.

palace [pǽlis] 궁전

2. A princess is born at a **palace**.

guest [gest] 손님

3. Many **guests** visit the palace.

다음 단어와 문장을 읽고 그 의미를 생각해 보세요.
(괄호 안에 있는 것은 발음기호입니다.)

fairy [fέəri] 요정
fairies 요정들(복수)

4. Three **fairies** also visit.

present [préznt] 선물

5. Two faires give two **presents** to her.

witch [witʃ] 마녀

6. Then, a bad **witch** turns up.

다음 단어와 문장을 읽고 그 의미를 생각해 보세요.
(괄호 안에 있는 것은 발음기호입니다.)

curse [kəːrs] 저주하다

7. She **curses**.

queen [kwiːn] 왕비

8. She curses at the king and **queen**.

needle [níːdl] 바늘

9. At the age of sixteen , she will die by the **needle**.

다음 단어와 문장을 읽고 그 의미를 생각해 보세요.
(괄호 안에 있는 것은 발음기호입니다.)

magic [mǽdʒik] 마술

10. The third fairy changes the **magic** of the witch.

prince [prins] 왕자

11. The princess will sleep deeply and wake up when a **prince** kisses her.

tower [táuər] 탑

12. When the princess becomes sixteen years old, he finds out a **tower**.

다음 단어를 읽고 그 의미를 생각해 보세요.

(괄호 안에 있는 것은 발음기호입니다.)

princess
[prinsés]

palace
[pǽlis]

guest
[gest]

fairy
[féəri]

present
[préznt]

witch
[witʃ]

curse
[kə:rs]

queen
[kwi:n]

needle
[ní:dl]

magic
[mǽdʒik]

prince
[prins]

tower
[táuər]

다음 단어의 발음과 의미를 확인해 보세요.

번호	단어 [발음기호]	발음	의미
1	**princess** [prinsés]	프린세스	공주
2	**palace** [pǽlis]	팰리스	궁전
3	**guest** [gest]	게스트	손님
4	**fairy** [féəri]	페어리	요정
5	**present** [préznt]	프레즌트	선물
6	**witch** [witʃ]	위취	마녀
7	**curse** [kə:rs]	커어스	저주하다
8	**queen** [kwi:n]	퀴인	왕비
9	**needle** [ní:dl]	니이들	바늘
10	**magic** [mǽdʒik]	매쥑	마술
11	**prince** [prins]	프린스	왕자
12	**tower** [táuər]	타우어어	탑

다음 단어의 의미를 빈 칸에 써 보세요.

번호	단어 [발음기호]	발음	의미
1	**princess** [prinsés]	프린세스	
2	**palace** [pǽlis]	팰리스	
3	**guest** [gest]	게스트	
4	**fairy** [féəri]	페어리	
5	**present** [préznt]	프레즌트	
6	**witch** [witʃ]	위취	
7	**curse** [kə:rs]	커어스	
8	**queen** [kwi:n]	퀴인	
9	**needle** [ní:dl]	니이들	
10	**magic** [mǽdʒik]	매쥑	
11	**prince** [prins]	프린스	
12	**tower** [táuər]	타우어어	

다음 문장을 읽고 해석을 확인해 보세요.

1. A princess is born.

2. A princess is born at a palace.

3. Many guests visit the palace.

4. Three fairies also visit.

5. Two faires give two presents to her.

6. Then, a bad witch turns up.

7. She curses.

8. She curses at the king and queen.

9. At the age of sixteen, she will die by the needle.

10. The third fairy changes the magic of the witch.

11. The princess will sleep deeply and wake up when a prince kisses her.

12. When the princess becomes sixteen years old, she finds out a tower.

1. 공주가 태어난다.

2. 공주가 궁전에서 태어난다.

3. 많은 손님이 그 궁전을 방문한다.

4. 세 명의 요정도 역시 방문한다.

5. 두 명의 요정이 두 가지 선물을 제공한다(준다).

6. 그때, 나쁜 마녀가 나타난다(turn up : 나타나다).

7. 마녀가 저주한다.

8. 마녀가 왕과 왕비에게 저주한다.

9. 16세에 공주가 바늘에 의해서 죽을 것이다.

10. 세 번째 요정이 마녀의 마술을 바꾼다.

11. 공주는 깊이 잠들고, 어떤 왕자가 공주에게 키스할 때 깨어날 것이다.

12. 공주가 16세가 될 때, 탑을 발견한다.

다음 단어와 문장을 읽고 그 의미를 생각해 보세요.
(괄호 안에 있는 것은 발음기호입니다.)

wheel [hwi:l] 바퀴

13. The needle of a **wheel** is at the tower.

prick [prik] 찌르다

14. The needle of a wheel **pricks** the princess.

fall [fɔ:l] 떨어지다, 쓰러지다

15. The princess **falls** into deep sleep.

다음 단어와 문장을 읽고 그 의미를 생각해 보세요.
(괄호 안에 있는 것은 발음기호입니다.)

thorn [θɔːrn] (식물의)가시

16. Three faires make everyone sleep. But the witch makes the **thorn** of the rose grow.

entrance [éntrəns] 입구

17. Nobody can go into the **entrance** of the palace.

shrub [ʃrʌb] 키 작은 나무, 관목

18. A hundred years later, a prince passes by and wonders about the thorn shrubs.

다음 단어와 문장을 읽고 그 의미를 생각해 보세요.

(괄호 안에 있는 것은 발음기호입니다.)

road [roud] 길, 도로

19. The witch blocks the entrance of the **road**.

spear [spiər] 창

20. Three fairies give a magic **spear** to the prince.

dragon [drǽgən] 용

21. The witch becomes a **dragon**.

다음 단어와 문장을 읽고 그 의미를 생각해 보세요.
(괄호 안에 있는 것은 발음기호입니다.)

beat [pliːz] ~을 이기다

22. The dragon makes fire but the prince **beats** the dragon finally.

cheek [tʃiːk] 뺨

23. The prince goes into the palace and kisses the princess on the **cheek**.

wake [weik] 깨다

24. The princess **wakes** up and they marry.

다음 단어를 읽고 그 의미를 생각해 보세요.

(괄호 안에 있는 것은 발음기호입니다.)

wheel
[hwiːl]

prick
[prik]

fall
[fɔːl]

thorn
[θɔːrn]

entrance
[éntrəns]

shrub
[ʃrʌb]

road
[roud]

spear
[spiər]

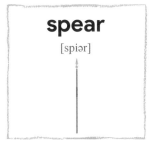

dragon
[drǽgən]

beat
[biːt]

cheek
[tʃiːk]

wake
[weik]

다음 단어의 발음과 의미를 확인해 보세요.

번호	단어 [발음기호]	발음	의미
13	**wheel** [hwiːl]	휘일	바퀴
14	**prick** [prik]	프릭	찌르다
15	**fall** [fɔːl]	포올	떨어지다, 쓰러지다
16	**thorn** [θɔːrn]	쏘온	(식물의)가시
17	**entrance** [éntrəns]	엔트런스	입구
18	**shrub** [ʃrʌb]	쉬럽	키 작은 나무, 관목
19	**road** [roud]	로우드	길, 도로
20	**spear** [spiər]	스삐어어	창
21	**dragon** [drǽgən]	드래건	용
22	**beat** [biːt]	비일, 비이트	~을 이기다
23	**cheek** [tʃiːk]	취일	뺨
24	**wake** [weik]	웨일	깨다

다음 단어의 의미를 빈 칸에 써 보세요.

번호	단어 [발음기호]	발음	의미
13	**wheel** [hwiːl]	휘일	
14	**prick** [prik]	프릭	
15	**fall** [fɔːl]	포올	
16	**thorn** [θɔːrn]	쏘온	
17	**entrance** [éntrəns]	엔트런스	
18	**shrub** [ʃrʌb]	쉬럽	
19	**road** [roud]	로우드	
20	**spear** [spiər]	스삐어어	
21	**dragon** [drǽgən]	드래건	
22	**beat** [biːt]	비잍, 비이트	
23	**cheek** [tʃiːk]	취익	
24	**wake** [weik]	웨익	

다음 문장을 읽고 해석을 확인해 보세요.

13. The needle of a wheel is at the tower.

14. The needle of a wheel pricks the princess.

15. The princess falls into deep sleep.

16. Three faires make everyone sleep.
    But the witch makes the thorn of the rose grow.

17. Nobody can go into the entrance of the palace.

18. A hundred years later, a prince passes by and
    wonders about the thorn shrubs.

19. The witch blocks the entrance of the road.

20. Three fairies give a magic spear to the prince.

21. The witch becomes a dragon.

22. The dragon makes fire but the prince beats the dragon.

23. The prince goes into the palace and kisses the princess on the cheek.

24. The princess wakes up and they marry.

13. 수레의 바늘이 탑에 있다.

14. 수레의 바늘이 공주를 찌른다.

15. 공주가 깊은 잠에 떨어진다(빠진다).

16. 세 요정이 모든 사람들을 잠들게 한다. 그러나 마녀가 장미의 가시를 자라게 한다.

17. 아무도 궁전의 입구로 들어갈 수 없다.

18. 백년 후에, 한 왕자가 지나가면서 가시나무들에 관하여 궁금해 한다. (pass by : 지나가다/wonder : 궁금해 하다)

19. 마녀가 도로의 입구를 막는다.

20. 세 요정이 왕자에게 마법의 창을 준다.

21. 마녀는 용이 된다.

22. 용은 불을 만들어 내지만 왕자는 용을 이긴다.

23. 왕자가 궁전에 들어가서, 공주의 뺨에 키스한다.

24. 공주가 깨어나고, 그들은 결혼한다.

2
Cinderella

다음 단어와 문장을 읽고 그 의미를 생각해 보세요.
(괄호 안에 있는 것은 발음기호입니다.)

stepmother [stépmʌðər]

계모, 의붓어머니

1. Cinderella lives with her **stepmother**.

step-sister [stép-sìstər]

이복 자매, 배다른 자매

2. Cinderella has two **step-sisters**.

cruel [krúəl] 잔인한

3. The two step-sisters are **cruel** to Cinderella.

다음 단어와 문장을 읽고 그 의미를 생각해 보세요.

(괄호 안에 있는 것은 발음기호입니다.)

clothes [klouz] 옷

4. Cinderella always wears dirty **clothes.**

chore [tʃɔːr] 잡일, 허드렛일

5. She does **chores.**

dawn [dɔːn] 새벽

6. She does chores from **dawn** all day.

다음 단어와 문장을 읽고 그 의미를 생각해 보세요.
(괄호 안에 있는 것은 발음기호입니다.)

wear [wɛər] 입고 있다

7. One day the stepmother and step-sisters **wear** nice clothes.

ball [bɔːl] 무도회

8. They say they are going to the **ball** at the palace.

appear [əpíər] 나타나다

9. Cinderella feels sad. Just then, a fairy **appears**.

다음 단어와 문장을 읽고 그 의미를 생각해 보세요.
(괄호 안에 있는 것은 발음기호입니다.)

pumpkin [pʌ́mpkin] 호박

coach [koutʃ] 마차

10. With her magic cane,
    the fairy changes a **pumpkin** into a **coach**.

mouse [maus] 쥐

11. The fairy changes a **mouse** into a horse.

lizard [lízərd] 도마뱀

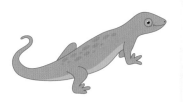

12 .The fairy changes a **lizard** into a coachman.

다음 단어를 읽고 그 의미를 생각해 보세요.

(괄호 안에 있는 것은 발음기호입니다.)

stepmother

[stépmÀðər]

step-sister

[stép-sìstər]

cruel

[krúəl]

clothes

[klouz]

chore

[tʃɔːr]

dawn

[dɔːn]

wear

[wɛər]

ball

[bɔːl]

coach

[koutʃ]

pumpkin

[pʌ́mpkin]

mouse

[maus]

lizard

[lízərd]

다음 단어의 발음과 의미를 확인해 보세요.

번호	단어 [발음기호]	발음	의미
1	**stepmother** [stépmʌðər]	스뗒머더어	계모, 의붓어머니
2	**step-sister** [stép-sìstər]	스뗒씨스터어	이복 자매, 배다른 자매
3	**cruel** [krúəl]	크루얼	잔인한
4	**clothes** [klouz]	클로우즈	옷
5	**chore** [tʃɔːr]	쵸오	잡일, 허드렛일
6	**dawn** [dɔːn]	도온	새벽
7	**wear** [wɛər]	웨어어	입고 있다
8	**ball** [bɔːl]	보올	무도회
9	**appear** [əpíər]	어피어어	나타나다
10	**coach** [koutʃ]	코우취	마차
11	**pumpkin** [pʌ́mpkin]	펌프킨	호박
12	**mouse** [maus]	마우스	쥐
13	**lizard** [lízərd]	리저어드	도마뱀

다음 단어의 의미를 빈 칸에 써 보세요.

번호	단어 [발음기호]	발음	의미
1	**stepmother** [stépmʌðər]	스뗍머더어	
2	**step-sister** [stép-sìstər]	스뗍씨스터어	
3	**cruel** [krúəl]	크루얼	
4	**clothes** [klouz]	클로우즈	
5	**chore** [tʃɔːr]	쵸오	
6	**dawn** [dɔːn]	도온	
7	**wear** [wɛər]	웨어어	
8	**ball** [bɔːl]	보올	
9	**appear** [əpíər]	어피어어	
10	**coach** [koutʃ]	코우춰	
11	**pumpkin** [pʌ́mpkin]	펌프킨	
12	**mouse** [maus]	마우스	
13	**lizard** [lízərd]	리저어드	

다음 문장을 읽고 해석을 확인해 보세요.

1. Cinderella lives with her stepmother.

2. Cinderella has two step-sisters.

3. The two step-sisters are cruel to Cinderella.

4. Cinderella always wears dirty clothes.

5. She does chores.

6. She does chores from dawn all day.

7. One day the stepmother and step-sisters wear nice clothes.

8. They say they are going to the ball at the palace.

9. Cinderella feels sad. Just then, a fairy appears.

10. With her magic cane, the fairy changes a pumpkin into a coach.

11. The fairy changes a mouse into a horse.

12. The fairy changes a lizard into a coachman.

해석

1. 신데렐라는 그녀의 계모와 함께 산다.

2. 신데렐라는 두 명의 이복자매가 있다.

3. 그 이복자매는 신데렐라에게 잔인하다.

4. 신데렐라는 항상 더러운 옷을 입고 있다.

5. 그녀는 허드렛일을 한다.

6. 그녀는 새벽부터 하루 종일 허드렛일을 한다.

7. 어느 날 계모와 이복자매는 멋진 옷을 입었다.

8. 그들은 궁전 무도회에 갈 예정이라고 말한다.

9. 신데렐라는 슬프게 느낀다. 바로 그때 한 요정이 나타난다.

10. 그녀의 마술 지팡이로, 요정은 호박을 마차로 바꾼다.

11. 요정은 쥐를 말로 바꾼다.

12. 요정은 도마뱀을 마부로 바꾼다.

다음 단어와 문장을 읽고 그 의미를 생각해 보세요.
(괄호 안에 있는 것은 발음기호입니다.)

rag [ræg] 넝마, 누더기

13. The fairy changes Cinderella's **rags** into a pretty dress.

shoe [ʃuː] 구두

14. Her shoes become glass **shoes**.

prince [prins] 왕자

15. Cinderella goes to the ball and the **prince** sees her.

다음 단어와 문장을 읽고 그 의미를 생각해 보세요.
(괄호 안에 있는 것은 발음기호입니다.)

step [step] 발걸음

16. The prince asks her to dance. He falls in love
    with her with every **step**.

clock [klɑk] 시계

17. The prince dances with only Cinderella.
    At the moment the **clock** strikes 12.

castle [kǽsl] 성

18. Cinderella runs away from the **castle** and
    one of her shoes slips off.

다음 단어와 문장을 읽고 그 의미를 생각해 보세요.
(괄호 안에 있는 것은 발음기호입니다.)

owner [óunər] 주인, 소유자

19. The next day, the prince looks for the **owner** of the shoe.

kingdom [kíŋdəm] 왕국

20. All the girls in the **kingdom** try on the glass shoe.

small [smɔːl] 작은

21. The two step-sisters try on the shoe but the shoe is **small**.

다음 단어와 문장을 읽고 그 의미를 생각해 보세요.

(괄호 안에 있는 것은 발음기호입니다.)

suggest [səgdʒést] 제안하다

22. The prince **suggests** to Cinderella that she should try on the shoe.

perfectly [pə́ːrfiktli] 완벽하게

23. Cinderella's foot fits the glass shoe **perfectly**.

happily [hǽpili] 행복하게

24. They marry and live **happily**.

다음 단어를 읽고 그 의미를 생각해 보세요.
(괄호 안에 있는 것은 발음기호입니다.)

rag
[ræg]

shoe
[ʃuː]

prince
[prins]

step
[step]

clock
[klɑk]

castle
[kǽsl]

owner
[óunər]

kingdom
[kíŋdəm]

small
[smɔːl]

suggest
[səgdʒést]

perfectly
[pə́ːrfiktli]

happily
[hǽpili]

다음 단어의 발음과 의미를 확인해 보세요.

번호	단어 [발음기호]	발음	의미
14	**rag** [ræg]	랙	넝마, 누더기
15	**shoe** [ʃuː]	슈우	구두
16	**prince** [prins]	프린스	왕자
17	**step** [step]	스뗍	발걸음
18	**clock** [klɑk]	클락	시계
19	**castle** [kǽsl]	캐슬	성
20	**owner** [óunər]	오우너어	주인, 소유자
21	**kingdom** [kíŋdəm]	킹덤	왕국
22	**small** [smɔːl]	스모올	작은
23	**suggest** [səgdʒést]	써줴스트	제안하다
24	**perfectly** [pə́ːrfiktli]	퍼어픽틀리	완벽하게
25	**happily** [hǽpili]	해필리	행복하게

다음 단어의 의미를 빈 칸에 써 보세요.

번호	단어 [발음기호]	발음	의미
14	**rag** [ræg]	랙	
15	**shoe** [ʃuː]	슈우	
16	**prince** [prins]	프린스	
17	**step** [step]	스뗖	
18	**clock** [klɑk]	클락	
19	**castle** [kǽsl]	캐슬	
20	**owner** [óunər]	오우너어	
21	**kingdom** [kíŋdəm]	킹덤	
22	**small** [smɔːl]	스모올	
23	**suggest** [səgdʒést]	써줴스트	
24	**perfectly** [pə́ːrfiktli]	퍼어픽틀리	
25	**happily** [hǽpili]	해필리	

다음 문장을 읽고 해석을 확인해 보세요.

13. The fairy changes Cinderella's rags into a pretty dress.

14. Her shoes become glass shoes.

15. Cinderella goes to the ball and the prince sees her.

16. The prince asks her to dance. He falls in love with her with every step.

17. The prince dances with only Cinderella. At the moment the clock strikes 12.

18. Cinderella runs away from the castle and one of her shoes slips off.

19. The next day, the prince looks for the owner of the shoe.

20. All the girls in the kingdom try on the glass shoe.

21. The two step-sisters try on the shoe but the shoe is small.

22. The prince suggests to Cinderella that she should try on the shoe.

23. Cinderella's foot fits the glass shoe perfectly.

24. They marry and live happily.

13. 요정은 신데렐라의 누더기를 예쁜 옷으로 바꾼다.

14. 그녀의 구두가 유리구두가 된다.

15. 신데렐라는 무도회에 간다. 그리고 왕자가 그녀를 본다.

16. 왕자는 그녀에게 춤추기를 요청한다. 왕자는 매 걸음마다 그녀와 사랑에 빠진다.

17. 왕자는 신데렐라와만 춤을 춘다. 그 순간 시계가 12시를 친다.

18. 신데렐라는 성에서 도망친다. 그리고 그녀의 구두 한 짝이 벗겨진다.

19. 다음 날, 왕자가 그 구두의 주인을 찾는다.

20. 왕국에 있는 모든 소녀들이 그 유리 구두를 신어본다.

21. 두 이복자매도 구두를 신어본다. 그러나 구두가 작다.

22. 왕자는 신데렐라에게 구두를 신어보라고 제안한다.

23. 신데렐라의 발이 완벽하게 유리 구두와 들어맞는다.

24. 그들은 결혼하고 행복하게 산다.

3
Peter Pan

다음 단어와 문장을 읽고 그 의미를 생각해 보세요.
(괄호 안에 있는 것은 발음기호입니다.)

noise [nɔiz] 소음, 시끄러운 소리

1. Wendy reads a book to her brothers. There is a **noise** at the window.

laugh [læf] 웃다

2. Peter Pan and Tinkerbell **laugh**.

children [tʃíldrən] 어린이들
child [tʃaild] 어린아이(단수)

3. Peter Pan tells the **children** about Neverland.

다음 단어와 문장을 읽고 그 의미를 생각해 보세요.
(괄호 안에 있는 것은 발음기호입니다.)

powder [páudər] 가루

4. Tinkerbell throws gold **powder** around the room.

air [ɛər] 공중, 공기

5. Then the children go up into the **air**.

night [nait] 밤

6. They fly to Neverland all **night** long.

다음 단어와 문장을 읽고 그 의미를 생각해 보세요.
(괄호 안에 있는 것은 발음기호입니다.)

pirate [páiərət] 해적

7. They look at a **pirate** ship.

captain [kǽptin] 선장

8. **Captain** Hook stands in the pirate ship.

arrow [ǽrou] 화살

9. Soon they land and an **arrow** hits Wendy.

다음 단어와 문장을 읽고 그 의미를 생각해 보세요.
(괄호 안에 있는 것은 발음기호입니다.)

island [áilənd] 섬

10. Some children on the **island** cry to her.
Wendy falls down.

necklace [néklis] 목걸이

11. After a while Wendy wakes up. The arrow
only hits her **necklace**.

envious [énviəs] 질투하는, 부러워하는

12. The children are very happy.
Only Tinkerbell is **envious** because Peter
Pan looks after only Wendy.

다음 단어를 읽고 그 의미를 생각해 보세요.

(괄호 안에 있는 것은 발음기호입니다.)

noise

[nɔiz]

laugh

[læf]]

children

[tʃíldrən]

powder

[páudər]

air

[ɛər]

night

[nait]

pirate

[páiərət]

captain

[kǽptin]

arrow

[ǽrou]

island

[áilənd]

necklace

[néklis]

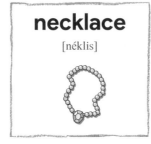

envious

[énviəs]

다음 단어의 발음과 의미를 확인해 보세요.

번호	단어 [발음기호]	발음	의미
1	**noise** [nɔiz]	노이즈	소음, 시끄러운 소리
2	**laugh** [læf]	랲	웃다
3	**children** [tʃíldrən]	췰드런	어린이들
4	**powder** [páudər]	파우더어	가루
5	**air** [ɛər]	에어어	공중, 공기
6	**night** [nait]	나잍, 나이트	밤
7	**pirate** [páiərət]	파이어럳	해적
8	**captain** [kǽptin]	캪틴	선장
9	**arrow** [ǽrou]	애로우	화살
10	**island** [áilənd]	아일런드	섬
11	**necklace** [néklis]	네크리스	목걸이
12	**envious** [énviəs]	엔비어스	질투하는, 부러워하는

다음 단어의 의미를 빈 칸에 써 보세요.

번호	단어 [발음기호]	발음	의미
1	**noise** [nɔiz]	노이즈	
2	**laugh** [læf]	랲	
3	**children** [tʃíldrən]	췰드런	
4	**powder** [páudər]	파우더어	
5	**air** [ɛər]	에어어	
6	**night** [nait]	나잍, 나이트	
7	**pirate** [páiərət]	파이어뤁	
8	**captain** [kǽptin]	캪틴	
9	**arrow** [ǽrou]	애로우	
10	**island** [áilənd]	아일런드	
11	**necklace** [néklis]	네크리스	
12	**envious** [énviəs]	엔비어스	

다음 문장을 읽고 해석을 확인해 보세요.

1. Wendy reads a book to her brothers.
   There is a noise at the window.

2. Peter Pan and Tinkerbell laugh.

3. Peter Pan tells the children about Neverland.

4. Tinkerbell throws gold powder around the room.

5. Then the children go up into the air.

6. They fly to Neverland all night long.

7. They look at a pirate ship.

8. Captain Hook stands in the pirate ship.

9. Soon they land and an arrow hits Wendy.

10. Some children on the island cry to her. Wendy falls down.

11. After a while Wendy wakes up. The arrow only hits her necklace.

12. The children are very happy. Only Tinkerbell is envious because Peter Pan looks after only Wendy.

1. 웬디는 남동생들에게 책을 읽어준다. 창가에 시끄러운 소리가 있다.

2. 피터 팬과 팅커벨이 웃는다.

3. 피터 팬이 네버랜드에 관하여 그 어린아이들에게 말한다.

4. 팅커벨이 방 주변에 금가루를 던진다.

5. 그 다음에 아이들이 공중으로 올라간다.

6. 그들은 밤새도록 네버랜드로 날아간다.

7. 그들은 해적선을 본다.

8. 후크 선장이 해적선에 서 있다.

9. 곧 그들은 상륙한다. 그리고 화살 하나가 웬디를 맞춘다.

10. 섬의 몇 명의 아이들이 웬디에게 소리친다. 웬디가 쓰러진다.

11. 잠시 후에 웬디가 깨어난다. 화살은 단지 그녀의 목걸이를 맞춘 것이다.

12. 아이들은 매우 행복해한다. 피터 팬이 웬디만을 돌보기 때문에 단지 팅커벨만이 질투한다.

다음 단어와 문장을 읽고 그 의미를 생각해 보세요.
(괄호 안에 있는 것은 발음기호입니다.)

cannon [kǽnən] 대포

13. Captain Hook fires cannon.

fight [fait] ~와 싸우다

14. Peter Pan fights Captain Hook.

forest [fɔ́rist] 숲

15. Tinkerbell takes Wendy and the children to the forest.

다음 단어와 문장을 읽고 그 의미를 생각해 보세요.

(괄호 안에 있는 것은 발음기호입니다.)

bad [bæd] 나쁜

16. In the forest, Tinkerbell says to the children,
"Wendy is **bad.**"

fruit [fruːt] 과일

17. The children cast **fruit** at Wendy.

scold [skould] 꾸짖다

18. Peter Pan **scolds** the children.

다음 단어와 문장을 읽고 그 의미를 생각해 보세요.
(괄호 안에 있는 것은 발음기호입니다.)

sea [siː] 바다

19. One day Peter Pan and Captain Hook are fighting and Captain Hook falls into the **sea.**

alligator [ǽligèitər] 악어

20. An **alligator** bites off his right arm.

chief [tʃiːf] 추장, 우두머리

21. Captain Hook takes away the Indian **Chief's** daughter.

다음 단어와 문장을 읽고 그 의미를 생각해 보세요.
(괄호 안에 있는 것은 발음기호입니다.)

angry [ǽŋgri] 화난

22. The Indian Chief is **angry** and takes away all the children in the forest.

daughter [dɔ́ːtər] 딸

23. But soon he knows that Captain Hook takes away his **daughter**.

golden [góuldən] 금빛의

24. There is a big party after saving the daughter. After that, the children go home in the golden boat.

다음 단어를 읽고 그 의미를 생각해 보세요.

(괄호 안에 있는 것은 발음기호입니다.)

cannon
[kǽnən]

fight
[fait]

forest
[fɔ́rist]

bad
[bæd]

fruit
[fruːt]

scold
[skould]

sea
[siː]

alligator
[ǽligèitər]

chief
[tʃiːf]

angry
[ǽŋgri]

daughter
[dɔ́ːtər]

golden
[góuldən]

다음 단어의 발음과 의미를 확인해 보세요.

번호	단어 [발음기호]	발음	의미
13	cannon [kǽnən]	캐넌	대포
14	fight [fait]	파일, 파이트	~와 싸우다
15	forest [fɔ́rist]	포리스트	숲
16	bad [bæd]	뱉	나쁜
17	fruit [fruːt]	프루웉, 프루우트	과일
18	scold [skould]	스꼬울드	꾸짖다
19	sea [siː]	씨이	바다
20	alligator [ǽligèitər]	앨리게이터어	악어
21	chief [tʃiːf]	취잎, 취이프	추장, 우두머리
22	angry [ǽŋgri]	앵그리	화난
23	daughter [dɔ́ːtər]	도오터어	딸
24	golden [góuldən]	고울던	금빛의

다음 단어의 의미를 빈 칸에 써 보세요.

번호	단어 [발음기호]	발음	의미
13	**cannon** [kǽnən]	캐넌	
14	**fight** [fait]	파잍, 파이트	
15	**forest** [fɔ́rist]	포리스트	
16	**bad** [bæd]	밷	
17	**fruit** [fruːt]	프루읕, 프루우트	
18	**scold** [skould]	스꼬울드	
19	**sea** [siː]	씨이	
20	**alligator** [ǽligèitər]	앨리게이터어	
21	**chief** [tʃiːf]	취잎, 취이프	
22	**angry** [ǽŋgri]	앵그리	
23	**daughter** [dɔ́ːtər]	도오터어	
24	**golden** [góuldən]	고울던	

다음 문장을 읽고 해석을 확인해 보세요.

13. Captain Hook fires cannon.

14. Peter Pan fights Captain Hook.

15. Tinkerbell takes Wendy and the children to the forest.

16. In the forest, Tinkerbell says to the children, "Wendy is bad."

17. The children cast fruit at Wendy.

18. Peter Pan scolds the children.

19. One day Peter Pan and Captain Hook are fighting and Captain Hook falls into the sea.

20. An alligator bites off his right arm.

21. Captain Hook takes away the Indian Chief's daughter.

22. The Indian Chief is angry and takes away all the children in the forest.

23. But soon he knows that Captain Hook takes away his daughter.

24. There is a big party after saving the daughter. After that, the children go home in the golden boat.

13. 후크 선장이 대포를 발사한다.

14. 피터 팬은 선장과 싸운다.

15. 팅커벨은 웬디와 아이들을 숲으로 데리고 간다.

16. 숲 속에서 팅커벨은 아이들에게 말한다,
    "웬디는 나쁘다."

17. 아이들은 웬디에게 과일을 던진다.

18. 피터 팬은 아이들을 꾸짖는다.

19. 어느 날 피터 팬과 후크 선장이 싸우고 있다.
    후크 선장이 바다에 빠진다.

20. 악어가 그의 오른팔을 물어 뜯는다.

21. 후크 선장은 인디언 추장의 딸을 데리고 간다.

22. 인디언 추장은 화가 나서 모든 아이들을 숲 속으로 데리고
    간다.

23. 그러나 곧 그는 후크 선장이 그의 딸을 데리고 갔다는 것을 안다.

24. 딸을 구한 후에 큰 파티가 있다. 그 후에 아이들은 금빛의 배를
    타고 집으로 간다.

4

Pinocchio

다음 단어와 문장을 읽고 그 의미를 생각해 보세요.
(괄호 안에 있는 것은 발음기호입니다.)

puppet [pʌ́pit] 꼭두각시 인형

1. Old Geppetto makes a **puppet**.

wood [wud] 나무

2. It is a puppet made of **wood**.

angel [éindʒəl] 천사

3. That night, an **angel** comes and says to him.

다음 단어와 문장을 읽고 그 의미를 생각해 보세요.

(괄호 안에 있는 것은 발음기호입니다.)

person [pə́ːrsn] 사람, 인간

4. If you do good things, you can be a **person**.

fox [fɑks] 여우

5. On his way to school, Pinocchio meets a **fox** and a cat.

theater [θíətər] 극장

6. They say to him, "Let's go to the puppet **theater**."

다음 단어와 문장을 읽고 그 의미를 생각해 보세요.

(괄호 안에 있는 것은 발음기호입니다.)

owner [óunər] 주인, 소유자

7. Pinocchio dances in the theater. The **owner** of the theater catches him.

money [mʌ́ni] 돈

8. He thinks he can make much **money** with Pinocchio.

trap [træp] 가두다

9. He **traps** Pinocchio in the cage.

다음 단어와 문장을 읽고 그 의미를 생각해 보세요.
(괄호 안에 있는 것은 발음기호입니다.)

force [fɔːrs] 힘

10. The angel asks him why he is in.
    Pinocchio says that the fox and the cat bring
    him by **force**.

lie [lai] 거짓말하다, 눕다

11. Then Pinocchio's nose becomes long
    because he **lies**.

human [hjúːmən] 사람, 인간

12. The angel says again, "If you do good things,
    you can be a real **human**."

다음 단어를 읽고 그 의미를 생각해 보세요.

(괄호 안에 있는 것은 발음기호입니다.)

puppet

[pʌ́pit]

wood

[wud]

angel

[éindʒəl]

person

[pə́:rsn]

fox

[fɑks]

theater

[θíətər]

owner

[óunər]

money

[mʌ́ni]

trap

[træp]

force

[fɔːrs]

lie

[lai]

human

[hjúːmən]

다음 단어의 발음과 의미를 확인해 보세요.

번호	단어 [발음기호]	발음	의미
1	**puppet** [pʌ́pit]	퍼핕	꼭두각시 인형
2	**wood** [wud]	우우드	나무
3	**angel** [éindʒəl]	에인졀	천사
4	**person** [pə́:rsn]	퍼어슨	인간
5	**fox** [fɑks]	팍스	여우
6	**theater** [θíətər]	씨어터어	극장
7	**owner** [óunər]	오우너어	주인, 소유자
8	**money** [mʌ́ni]	머니	돈
9	**trap** [træp]	츄랲	가두다
10	**force** [fɔ:rs]	포오스	힘
11	**lie** [lai]	라이	거짓말하다, 눕다
12	**human** [hjú:mən]	휴우먼	인간

다음 단어의 의미를 빈 칸에 써 보세요.

번호	단어 [발음기호]	발음	의미
1	**puppet** [pʌ́pit]	퍼핕	
2	**wood** [wud]	우우드	
3	**angel** [éindʒəl]	에인졀	
4	**person** [pə́ːrsn]	퍼어슨	
5	**fox** [fɑks]	팍스	
6	**theater** [θíətər]	씨어터어	
7	**owner** [óunər]	오우너어	
8	**money** [mʌ́ni]	머니	
9	**trap** [træp]	츄랲	
10	**force** [fɔːrs]	포오스	
11	**lie** [lai]	라이	
12	**human** [hjúːmən]	휴우먼	

다음 문장을 읽고 해석을 확인해 보세요.

1. Old Geppetto makes a puppet.

2. It is a puppet made of wood.

3. That night, an angel comes and says to him.

4. If you do good things, you can be a person.

5. On his way to school, Pinocchio meets a fox and a cat.

6. They say to him, "Let's go to the puppet theater."

7. Pinocchio dances in the theater. The owner of the theater catches him.

8. He thinks he can make much money with Pinocchio.

9. He traps Pinocchio in the cage.

10. The angel asks him why he is in. Pinocchio says that the fox and the cat bring him by force.

11. Then Pinocchio's nose becomes long because he lies.

12. The angel says again, "If you do good things, you can be a real human."

1. 늙은 제페토는 꼭두각시 인형을 만든다.

2. 그것은 나무로 만든 꼭두각시 인형이다.

3. 그날 밤, 한 천사가 와서 그에게 말한다.

4. 만일 네가 착한 일을 한다면, 너는 사람이 될 수 있다.

5. 학교로 가는 도중에 피노키오는 여우와 고양이를 만난다.

6. 그들은 그에게 말한다, "꼭두각시 인형 극장에 가자."

7. 피노키오는 극장에서 춤을 춘다. 극장 주인은 그를 붙잡는다.

8. 그는 피노키오로 많은 돈을 벌 수 있다고 생각한다.

9. 그는 피노키오를 새장 안에 가둔다.

10. 천사가 그에게 왜 안에 있는지 묻는다. 피노키오는 여우와 고양이가 힘으로(강제로) 그를 데리고 왔다고 말한다.

11. 그때 거짓말을 하기 때문에 피노키오의 코가 길게 된다.

12. 천사가 다시 말한다, "만일 네가 착한 일을 한다면, 너는 진짜 인간이 될 수 있다."

다음 단어와 문장을 읽고 그 의미를 생각해 보세요.
(괄호 안에 있는 것은 발음기호입니다.)

terrible [térəbl] 무서운

13. The angel opens the cage and Pinocchio runs away from the **terrible** place.

friend [frend] 친구

14. On his way home Pinocchio meets other **friends**.

village [vílidʒ] 마을

15. They say, "Let's go to the **village** of lazy **people**."

다음 단어와 문장을 읽고 그 의미를 생각해 보세요.
(괄호 안에 있는 것은 발음기호입니다.)

food [fuːd] 음식

16. In the village they eat all kinds of **food** and play all day.

wizard [wízərd] 마법사

17. One day a **wizard** makes them donkeys except Pinocchio.

pigeon [pídʒən] 비둘기

18. Pinocchio runs away and comes home. A **pigeon** on the roof says Old Geppetto finds him.

다음 단어와 문장을 읽고 그 의미를 생각해 보세요.
(괄호 안에 있는 것은 발음기호입니다.)

fall [fɔ:l] 떨어지다, 쓰러지다

19. Old Geppetto finds him and **falls** into the sea.

grandfather [grǽndfɑ̀:ðər]
할아버지

20. Pinocchio jumps into the sea to save his **grandfather**.

whale [(h)weil] 고래

21. A **whale** swallows him.

다음 단어와 문장을 읽고 그 의미를 생각해 보세요.
(괄호 안에 있는 것은 발음기호입니다.)

stomach [stʌ́mək] (사람의)배

22. Pinocchio meets his grandfather in the whale's **stomach**.

cough [kɔf] 기침하다

23. They make a fire in it and the whale **coughs** because of the smoke.

save [seiv] 구하다

24. They come out of the stomach. Pinocchio becomes a real human because he **saves** his grandfather.

다음 단어를 읽고 그 의미를 생각해 보세요.
(괄호 안에 있는 것은 발음기호입니다.)

terrible
[térəbl]

friend
[frend]]

village
[vílidʒ]

food
[fuːd]

wizard
[wízərd]

pigeon
[pídʒən]

fall
[fɔːl]

grandfather
[grǽndfɑːðər]

whale
[(h)weil]

stomach
[stʌ́mək]

cough
[kɔf]

save
[seiv]

다음 단어의 발음과 의미를 확인해 보세요.

번호	단어 [발음기호]	발음	의미
13	**terrible** [térəbl]	테러블	무서운
14	**friend** [frend]	프렌드	친구
15	**village** [vílidʒ]	빌리쮜	마을
16	**food** [fuːd]	푸우드	음식
17	**wizard** [wízərd]	위저어드	마법사
18	**pigeon** [pídʒən]	피젼	비둘기
19	**fall** [fɔːl]	포올	떨어지다, 쓰러지다
20	**grandfather** [grǽndfɑ̀ːðər]	그랜드파아더어	할아버지
21	**whale** [(h)weil]	(훼)웨일	고래
22	**stomach** [stʌ́mək]	스떠멐	(사람의)배
23	**cough** [kɔf]	콮, 코ㅍ	기침하다
24	**save** [seiv]	쎄이브	구하다

다음 단어의 의미를 빈 칸에 써 보세요.

번호	단어 [발음기호]	발음	의미
13	**terrible** [térəbl]	테러블	
14	**friend** [frend]	프렌드	
15	**village** [vílidʒ]	빌리쥐	
16	**food** [fuːd]	푸우드	
17	**wizard** [wízərd]	위저어드	
18	**pigeon** [pídʒən]	피젼	
19	**fall** [fɔːl]	포올	
20	**grandfather** [grǽndfɑ̀ːðər]	그랜드파아더어	
21	**whale** [(h)weil]	(훼)웨일	
22	**stomach** [stʌ́mək]	스떠먹	
23	**cough** [kɔf]	콮, 코프	
24	**save** [seiv]	쎄이브	

다음 문장을 읽고 해석을 확인해 보세요.

13. The angel opens the cage and Pinocchio runs away from the terrible place.

14. On his way home Pinocchio meets other friends.

15. They say, "Let's go to the village of lazy people."

16. In the village they eat all kinds of food and play all day.

17. One day a wizard makes them donkeys except Pinocchio.

18. Pinocchio runs away and comes home. A pigeon on the roof says Old Geppetto finds him.

19. Old Geppetto finds him and falls into the sea.

20. Pinocchio jumps into the sea to save his grand-father.

21. A whale swallows him.

22. Pinocchio meets his grandfather in the whale's stomach.

23. They make a fire in it and the whale coughs be-cause of the smoke.

24. They come out of the stomach. Pinocchio be-comes a real human because he saves his grandfather.

13. 천사가 새장을 열고 피노키오는 그 무서운 장소에서 도망친다.

14. 집으로 가는 도중에 피노키오는 다른 친구들을 만난다.

15. 그들은 말한다, "게으른 사람들이 사는 마을에 가자."

16. 그 마을에서 그들은 모든 종류의 음식을 먹고 하루종일 논다.

17. 어느 날 마법사가 피노키오를 제외하고 그들을 당나귀로 만든다.

18. 피노키오는 달아나서 집에 온다. 지붕 위에 있는 비둘기가 늙은 제페토가 그를 찾는다고 말한다.

19. 늙은 제페토는 그를 찾다가 바다에 빠진다.

20. 피노키오는 그의 할아버지를 구하기 위해 바다에 뛰어든다.

21. 고래가 그를 삼킨다.

22. 피노키오는 고래의 뱃속에서 그의 할아버지를 만난다.

23. 그들은 그 안에서 불을 피운다. 고래가 연기 때문에 기침을 한다.

24. 그들은 배 밖으로 나온다. 피노키오는 그의 할아버지를 구했기 때문에 진짜 사람이 된다.

5

Beauty and the Beast

다음 단어와 문장을 읽고 그 의미를 생각해 보세요.
(괄호 안에 있는 것은 발음기호입니다.)

handsome [hǽnsəm] 잘생긴

1. Here is a **handsome** prince.

beggar [bégər] 거지

2. The prince is cruel to an old **beggar** woman.

witch [witʃ] 마녀

3. The old woman is a **witch**.

다음 단어와 문장을 읽고 그 의미를 생각해 보세요.
(괄호 안에 있는 것은 발음기호입니다.)

beast [biːst] 야수, 짐승

4. She changes the prince into the **Beast**.

break [breik] 깨뜨리다

5. To **break** the magic, he must love someone and someone must love him.

storm [stɔːrm] 폭풍우

6. One day an old man meets a sudden **storm**.

다음 단어와 문장을 읽고 그 의미를 생각해 보세요.
(괄호 안에 있는 것은 발음기호입니다.)

bright [brait] 밝은

7. Then he sees a bright light in the woods.

castle [kǽsl] 성

8. It is a castle. He goes into the castle.

dinner [dínər] 만찬, 저녁식사

9. On a table in a room, a dinner is ready.

다음 단어와 문장을 읽고 그 의미를 생각해 보세요.
(괄호 안에 있는 것은 발음기호입니다.)

delicious [dilíʃəs] 맛있는

10. Because he is very hungry, he sits down at the table and eats the **delicious** food.

garden [gɑ́ːrdn] 정원

11. The next morning, he sees a beautiful **garden** and goes out.

rose [rouz] 장미

12. He picks a beautiful **rose**. At the moment, an angry Beast comes out.

다음 단어를 읽고 그 의미를 생각해 보세요.

(괄호 안에 있는 것은 발음기호입니다.)

handsome
[hǽnsəm]

beggar
[bégər]

witch
[witʃ]

beast
[biːst]

break
[breik]

storm
[stɔːrm]

bright
[brait]

castle
[kǽsl]

dinner
[dínər]

delicious
[dilíʃəs]

garden
[gáːrdn]

rose
[rouz]

다음 단어의 발음과 의미를 확인해 보세요.

번호	단어 [발음기호]	발음	의미
1	**handsome** [hǽnsəm]	핸썸	잘생긴
2	**beggar** [bégər]	베거어	거지
3	**witch** [witʃ]	위취	마녀
4	**beast** [biːst]	비이슽, 비이스트	야수, 짐승
5	**break** [breik]	브레잌, 브레이크	깨뜨리다
6	**storm** [stɔːrm]	스또옴	폭풍우
7	**bright** [brait]	브라잍, 브라이트	밝은
8	**castle** [kǽsl]	캐슬	성
9	**dinner** [dínər]	디너어	만찬, 저녁식사
10	**delicious** [dilíʃəs]	딜리셔스	맛있는
11	**garden** [gáːrdn]	가아든	정원
12	**rose** [rouz]	로우즈	장미

다음 단어의 의미를 빈 칸에 써 보세요.

번호	단어 [발음기호]	발음	의미
1	**handsome** [hǽnsəm]	핸썸	
2	**beggar** [bégər]	베거어	
3	**witch** [witʃ]	위취	
4	**beast** [biːst]	비이슽, 비이스트	
5	**break** [breik]	브레잌. 브레이크	
6	**storm** [stɔːrm]	스또옴	
7	**bright** [brait]	브라잍, 브라이트	
8	**castle** [kǽsl]	캐슬	
9	**dinner** [dínər]	디너어	
10	**delicious** [dilíʃəs]	딜리셔스	
11	**garden** [gáːrdn]	가아든	
12	**rose** [rouz]	로우즈	

다음 문장을 읽고 해석을 확인해 보세요.

1. Here is a handsome prince.

2. The prince is cruel to an old beggar woman.

3. The old woman is a witch.

4. She changes the prince into the Beast.

5. To break the magic, he must love someone and someone must love him.

6. One day an old man meets a sudden storm.

7. Then he sees a bright light in the woods.

8. It is a castle. He goes into the castle.

9. On a table in a room, a dinner is ready.

10. Because he is very hungry, he sits down at the table and eat the delicious food.

11. The next morning, he sees a beautiful garden and goes out.

12. He picks a beautiful rose. At the moment, an angry Beast comes out.

1. 여기에 잘생긴 왕자가 있다.

2. 그 왕자는 늙은 거지 여자에게 잔인하다.

3. 한 늙은 여자는 마녀이다.

4. 그녀는 왕자를 야수로 바꾼다.

5. 마법을 깨기 위해서, 그는 누군가를 사랑해야 하고, 누군가가 그를 사랑해야만 한다.

6. 어느 날 한 노인이 갑작스러운 폭풍우를 만난다.

7. 그때 그는 숲속에서 밝은 빛을 본다.

8. 그것은 성이다. 그는 성으로 들어간다.

9. 방안 탁자 위에, 만찬이 준비되어 있다.

10. 그는 매우 배가 고파서, 테이블에 앉아서 맛있는 음식을 먹는다.

11. 다음 날 아침 그는 아름다운 정원을 보고 밖으로 나간다.

12. 그는 아름다운 장미를 딴다. 그 순간 화가 난 야수가 밖으로 나온다.

다음 단어와 문장을 읽고 그 의미를 생각해 보세요.
(괄호 안에 있는 것은 발음기호입니다.)

destroy [distrɔ́i] 파괴하다

13. The Beast says, "You **destroy** my garden!"

dungeon [dʌ́ndʒən] 지하감옥

14. The angry Beast locks him in the **dungeon**.

forgive [fərgív] 용서하다

15. "**Forgive** me! The rose is for my daughter, Belle." "Then, bring your daughter." Belle comes to the castle to save her father.

다음 단어와 문장을 읽고 그 의미를 생각해 보세요.
(괄호 안에 있는 것은 발음기호입니다.)

freedom [frí:dəm] 자유

16. Belle stays with the Beast in return of her father's **freedom**.

fierce [fiərs] 사나운

17. Belle finds that the Beast is **fierce** but he is kind and gentle.

mirror [mírər] 거울

18. One day, the Beast gives a magic **mirror**. "This is a magic **mirror**. Look into it when you want to see your father."

다음 단어와 문장을 읽고 그 의미를 생각해 보세요.
(괄호 안에 있는 것은 발음기호입니다.)

sick [sik] 아픈

19. Belle looks into the mirror everyday.
One day, she finds her father is **sick**.

promise [prámis] 약속하다

20. Belle wants to visit his father. She **promises**
that she will come back in a week.

die [dai] 죽다

21. "If you do not come back in a week, I may
die!"

다음 단어와 문장을 읽고 그 의미를 생각해 보세요.
(괄호 안에 있는 것은 발음기호입니다.)

please [pliːz] 제발

22. Belle's father says, "Belle, I feel better now." When Belle comes back to the castle, she sees the Beast die in the garden. "No! **Please**, don't die. I love you."

become [bikʌ́m] ~이 되다

23. Then the Beast **becomes** a handsome prince.

wedding [wédiŋ] 결혼식

24. Beauty, Belle and the Beast have a **wedding** and they live happily.

다음 단어를 읽고 그 의미를 생각해 보세요.

(괄호 안에 있는 것은 발음기호입니다.)

destroy
[distrɔ́i]

dungeon
[dʌ́ndʒən]

forgive
[fərgív]

freedom
[frí:dəm]

fierce
[fiərs]

mirror
[mírər]

sick
[sik]

promise
[prámis]

die
[dai]

please
[pli:z]

become
[bikʌ́m]

wedding
[wédiŋ]

다음 단어의 발음과 의미를 확인해 보세요.

번호	단어 [발음기호]	발음	의미
13	**destroy** [distrɔ́i]	디스츄로이	파괴하다
14	**dungeon** [dʌ́ndʒən]	던젼	지하감옥
15	**forgive** [fərgív]	퍼어기브	용서하다
16	**freedom** [fríːdəm]	프리이덤	자유
17	**fierce** [fiərs]	피어어스	사나운
18	**mirror** [mírər]	미러어	거울
19	**sick** [sik]	씩	아픈
20	**promise** [prámis]	프라미스	약속하다
21	**die** [dai]	다이	죽다
22	**please** [pliːz]	플리이즈	제발
23	**become** [bikʌ́m]	비컴	~이 되다
24	**wedding** [wédiŋ]	웨딩	결혼식

다음 단어의 의미를 빈 칸에 써 보세요.

번호	단어 [발음기호]	발음	의미
13	**destroy** [distrɔ́i]	디스츄로이	
14	**dungeon** [dʌ́ndʒən]	던젼	
15	**forgive** [fərgív]	퍼어기브	
16	**freedom** [fríːdəm]	프리이덤	
17	**fierce** [fiərs]	피어어스	
18	**mirror** [mírər]	미러어	
19	**sick** [sik]	씩	
20	**promise** [prámis]	프라미스	
21	**die** [dai]	다이	
22	**please** [pliːz]	플리이즈	
23	**become** [bikʌ́m]	비컴	
24	**wedding** [wédiŋ]	웨딩	

다음 문장을 읽고 해석을 확인해 보세요.

13. The Beast says, "You destroy my garden!"

14. The angry Beast locks him in the dungeon.

15. "Forgive me! The rose is for my daughter, Belle."
    "Then, bring your daughter."
    Belle comes to the castle to save her father.

16. Belle stays with the Beast in return of her father's freedom.

17. Belle finds that the Beast is fierce but he is kind and gentle.

18. One day, the Beast gives a magic mirror. "This is a magic mirror. Look into it when you want to see your father."

19. Belle looks into the mirror everyday. One day, she finds her father is sick.

20. Belle wants to visit her father. She promises that she will come back in a week.

21. "If you do not come back in a week, I may die!"

22. Belle's father says "Belle, I feel better now." When Belle comes back to the castle, she sees the Beast die in the garden. "No! Please, don't die. I love you."

23. Then the Beast becomes a handsome prince.

24. Beauty, Belle and the Beast have a wedding and they live happily.

13. 야수가 말한다, "당신은 나의 정원을 파괴하고 있다."

14. 화가 난 야수가 그를 지하 감옥에 가둔다.

15. "저를 용서하십시오! 그 장미는 저의 딸, 벨을 위한 것입니다."
    "그러면, 당신의 딸을 데리고 와라."
    벨은 그녀의 아버지를 구하기 위하여 그 성에 온다.

16. 벨은 그녀 아버지의 자유에 대한 보답으로써 야수와 함께 머문다.

17. 벨은 야수가 사납지만 친절하고 상냥한 것을 안다.

18. 어느 날, 야수는 마법의 거울을 준다. "이것은 마법의 거울이야.
    당신이 아버지를 보기 원할 때 들여다 봐."

19. 벨은 매일 거울을 들여다본다. 어느 날, 그녀는 그녀의 아버지
    가 아픈 것을 안다.

20. 벨은 그녀의 아버지를 방문하기를 원한다. 그녀는 일주일 안에
    돌아오겠다고 약속한다.

21. "만일 당신이 일주일 안에 돌아오지 않는다면, 나는 아마 죽을
    것이다."

22. 벨의 아버지가 말한다, "벨, 나는 이제 기분이 더 좋아졌다."
    벨이 성에 돌아왔을 때, 그녀는 야수가 정원에서 죽어가는 것을 본
    다. "안 돼요! 제발, 죽지 말아요. 나는 당신을 사랑하고 있어요."

23. 그때 야수는 잘생긴 왕자가 된다.

24. 미녀 벨과 야수는 결혼식을 한다. 그리고 그들은 행복하게 산다.

6

The Naked King

다음 문장을 읽고 그 의미를 생각해 보세요.

(단어 아래 괄호 안에 있는 것은 발음기호입니다. 단 명사와 동
사가 −s로 끝나는 형태는 −s 부분의 발음기호가 없습니다.)

1. There is a king in a country. The king likes
   new clothes.
   [kántri]
   [klouz]

2. Tailors make new clothes.
   [téilər]

3. The king always says, "Make new
   clothes."
   [ɔ́ːlweiz]

4. One day two tailors visit the king. They
   say, "We can make special clothes. Only
   honest men can see the clothes."
   [spéʃəl]

5. The king orders the tailors to make the
   special clothes.
   [ɔ́ːrdər]

6. The tailors pretend to make the clothes.
   [priténd]

7. But they don't use any cloth.
   [klɔθ]

8. A few days later, the king says, "Do you
   finish the special clothes?"
   [léitər]
   [fíniʃ]

9. Yes, look. We finish the clothes. Only
   honest men can see the clothes.

10. The king looks at the clothes carefully.
    [kέərfli]

11. But he can't see the new clothes.

12. He thinks, "I can't see it. But if I say so,
    [θiŋk]
    they will think I am not honest."

다음 단어의 발음과 의미를 확인해 보세요.

번호	단어 [발음기호]	발음	의미
1	**country** [kʌ́ntri]	컨츄리	나라
2	**clothes** [klouz]	클로우즈	옷
3	**tailor** [téilər]	테일러어	재봉사
4	**always** [ɔ́:lweiz]	오올웨이즈	항상
5	**special** [spéʃəl]	스뻬셜	특별한
6	**order** [ɔ́:rdər]	오오더어	명령하다
7	**pretend** [priténd]	프리텐드	~인 체하다
8	**cloth** [klɔθ]	클로쓰	천
9	**later** [léitər]	레이터어	나중에, ~후에
10	**finish** [fíniʃ]	피니쉬	완성하다
11	**carefully** [kéərfli]	케어어플리	조심스럽게
12	**think** [θiŋk]	씽크	생각하다

다음 단어의 의미를 빈 칸에 써 보세요.

번호	단어 [발음기호]	발음	의미
1	**country** [kʌ́ntri]	컨츄리	
2	**clothes** [klouz]	클로우즈	
3	**tailor** [téilər]	테일러어	
4	**always** [ɔ́ːlweiz]	오올웨이즈	
5	**special** [spéʃəl]	스뻬셜	
6	**order** [ɔ́ːrdər]	오오더어	
7	**pretend** [priténd]	프리텐드	
8	**cloth** [klɔθ]	클로쓰	
9	**later** [léitər]	레이터어	
10	**finish** [fíniʃ]	피니쉬	
11	**carefully** [kéərfli]	케어어플리	
12	**think** [θiŋk]	씽크	

다음 문장을 읽고 해석을 확인해 보세요.

1. There is a king in a country. The king likes new clothes.

2. Tailors make new clothes.

3. The king always says, "Make new clothes."

4. One day two tailors visit the king. They say, "We can make special clothes. Only honest men can see the clothes."

5. The king orders the tailors to make the special clothes.

6. The tailors pretend to make the clothes.

7. But they don't use any cloth.

8. A few days later, the king says, "Do you finish the special clothes?"

9. Yes, look. We finish the clothes. Only honest men can see the clothes.

10. The king looks at the clothes carefully.

11. But he can't see the new clothes.

12. He thinks, "I can't see it. But if I say so, they will think I am not honest."

1. 어떤 나라에 왕이 있다. 그 왕은 새로운 옷을 좋아한다.

2. 재봉사들이 새로운 옷을 만든다.

3. 왕은 항상 말한다, "새로운 옷을 만들어라."

4. 어느 날 두 명의 재봉사가 왕을 방문한다. 그들은 말한다.
   "우리는 특별한 옷을 만들 수 있습니다. 정직한 사람들만이 그 옷
   을 볼 수 있어요."

5. 왕은 재봉사들에게 그 특별한 옷을 만들라고 명령한다.

6. 재봉사들이 옷을 만드는 체한다.

7. 그러나 그들은 어떤 천도 사용하지 않는다.

8. 며칠 후에 왕이 말한다, "너희들은 그 특별한 옷을 완성했느냐?"

9. 예, 보십시오. 우리는 옷을 완성했어요. 정직한 사람들만이 그 옷
   을 볼 수 있어요.

10. 왕은 조심스럽게 옷을 본다.

11. 그러나 그는 그 새로운 옷을 볼 수가 없다.

12. 그는 생각한다, "난 볼 수가 없다. 그러나 만일 내가 그렇게 말
    한다면, 그들은 내가 정직하지 않다고 생각할 것이다."

다음 문장을 읽고 그 의미를 생각해 보세요.

(단어 아래 괄호 안에 있는 것은 발음기호입니다. 단 명사와 동
사가 −s로 끝나는 형태는 −s 부분의 발음기호가 없습니다.)

13. So the king praises the clothes. It is
    [preiz]
    wonderful.
    [wʌ́ndərfl]

14. The servants also admire the clothes.
    [sə́rvənt]   [ædmáiər]

15. The king goes out to the street.

16. People gather to see the king's new
    [píːpl]   [gǽðər]
    clothes.

17. The king is very happy.

18. The king thinks, "Everyone is looking at
    my new clothes."

19. Just then, a child says, "The king is
    [tʃaild]
    naked. "
    [néikid]

20. People laugh and say, "Right, the king is
    naked. Hahaha!"
    [læf]

21. They say again, "The child is honest.
    The king is naked."

22. The king is angry and perplexed.
    [ǽŋgri]   [pərplékst]

23. His face is red.

24. The ashamed king says, "Hide me."
    [əʃéimd]

다음 단어의 발음과 의미를 확인해 보세요.

번호	단어 [발음기호]	발음	의미
13	**praise** [preiz]	프레이즈	칭찬하다
14	**wonderful** [wʌ́ndərfl]	원더어플	훌륭한
15	**servant** [sə́rvənt]	써어번트	신하, 하인
16	**admire** [ædmáiər]	애드마이어어	감탄하다
17	**people** [píːpl]	피이플	사람들
18	**gather** [gǽðər]	개더어	모이다
19	**child** [tʃaild]	촤일드	아이
20	**naked** [néikid]	네이킫, 네이키드	벌거벗은
21	**laugh** [læf]	래프, 랲	웃다
22	**angry** [ǽŋgri]	앵그리	화난
23	**perplexed** [pərplékst]	퍼어플렉스트	당황한
24	**ashamed** [əʃéimd]	어쉐임드	부끄러워하는

다음 단어의 의미를 빈 칸에 써 보세요.

번호	단어 [발음기호]	발음	의미
13	**praise** [preiz]	프레이즈	
14	**wonderful** [wʌ́ndərfl]	원더어플	
15	**servant** [sə́rvənt]	써어번트	
16	**admire** [ædmáiər]	애드마이어어	
17	**people** [píːpl]	피이플	
18	**gather** [gǽðər]	개더어	
19	**child** [tʃaild]	촤일드	
20	**naked** [néikid]	네이킫, 네이키드	
21	**laugh** [læf]	래프, 랲	
22	**angry** [ǽŋgri]	앵그리	
23	**perplexed** [pərplékst]	퍼어플렉스트	
24	**ashamed** [əʃéimd]	어쉐임드	

다음 문장을 읽고 해석을 확인해 보세요.

13. So the king praises the clothes. It is wonderful.

14. The servants also admire the clothes.

15. The king goes out to the street.

16. People gather to see the king's new clothes.

17. The king is very happy.

18. The king thinks, "Everyone is looking at my new clothes."

19. Just then, a child says, "The king is naked."

20. People laugh and say, "Right, the king is naked. Hahaha!"

21. They say again, "The child is honest. The king is naked."

22. The king is angry and perplexed.

23. His face is red.

24. The ashamed king says, "Hide me."

13. 그래서 왕은 그 옷을 칭찬한다. 그것은 훌륭해.

14. 신하들도 역시 옷에 감탄한다.

15. 왕이 거리로 나간다.

16. 사람들이 왕의 새로운 옷을 보려고 모인다.

17. 왕은 매우 행복하다.

18. 왕은 생각한다, "모든 사람이 나의 새로운 옷을 보고 있어."

19. 바로 그때 한 아이가 말한다, "왕이 벌거벗었다."

20. 사람들이 웃으며 말한다, "맞아, 왕은 벌거벗은 거야. 하하하! "

21. 그들은 다시 말한다, "아이가 정직해. 왕은 벌거벗은 거야."

22. 왕은 화가 나고 당황해한다.

23. 왕의 얼굴이 빨개져 있다.

24. 부끄러워하며 왕이 말한다, "나를 숨겨라."

7
Aladdin's lamp

다음 문장을 읽고 그 의미를 생각해 보세요.

(단어 아래 괄호 안에 있는 것은 발음기호입니다. 단 명사와 동사가 −s로 끝나는 형태는 −s 부분의 발음기호가 없습니다.)

1. A strange man comes to Aladdin.
   [streindʒ]

2. He says, "If you help me, I will give much
   [mʌtʃ]
   money to you".

3. But the man is a bad wizard.
   [wízərd]

4. The wizard takes Aladdin to a cave.

5. Go inside and bring the lamp to me. If you
   are in danger, this ring will help you.
   [déindʒər]

6. In the cave, Aladdin finds the lamp.

7. The wizard shouts, "Give me the lamp."
   [ʃaut]
   Aladdin says, "Get me out first and I will
   give you the lamp."

8. The wizard is <u>angry</u> and he closes the
   [ǽŋgri]
   <u>entrance</u> of the cave.
   [éntrəns]

9. The wizard says, "If you don't get me the
   lamp, I will not get you out."

10. Aladdin rubs his ring. <u>Suddenly</u> a giant
    [sʌ́dnli]
    appears.

11. The giant says, "I am the giant of the
    ring. What can I do for you?"

12. Aladdin says, "Give me <u>something</u> to
    [sʌ́mθiŋ]
    <u>eat</u>. After that take me home."
    [iːt]

다음 단어의 발음과 의미를 확인해 보세요.

번호	단어 [발음기호]	발음	의미
1	**strange** [streindʒ]	스뜨레인쮜	낯선, 이상한
2	**much** [mʌtʃ]	머취	많은
3	**wizard** [wízərd]	위저어드	마법사
4	**danger** [déindʒər]	데인져어	위험
5	**shout** [ʃaut]	샤웉, 샤우트	소리치다
6	**angry** [ǽŋgri]	앵그리	화가 난
7	**entrance** [éntrəns]	엔트런스	입구
8	**suddenly** [sʌ́dnli]	써든리	갑자기
9	**giant** [ʤáiənt]	자이언트	거인
10	**appear** [əpíər]	어피어어	나타나다
11	**something** [sʌ́mθiŋ]	썸씽	무언가,
12	**eat** [iːt]	이잍, 이이트	먹다

다음 단어의 의미를 빈 칸에 써 보세요.

번호	단어 [발음기호]	발음	의미
1	**strange** [streindʒ]	스뜨레인쥐	
2	**much** [mʌtʃ]	머취	
3	**wizard** [wízərd]	위저어드	
4	**danger** [déindʒər]	데인져어	
5	**shout** [ʃaut]	샤욷, 샤우트	
6	**angry** [ǽŋgri]	앵그리	
7	**entrance** [éntrəns]	엔트런스	
8	**suddenly** [sʌ́dnli]	써든리	
9	**giant** [dʒáiənt]	자이언트	
10	**appear** [əpíər]	어피어어	
11	**something** [sʌ́mθiŋ]	썸씽	
12	**eat** [iːt]	이읻, 이이트	

다음 문장을 읽고 해석을 확인해 보세요.

1. A strange man comes to Aladdin.

2. He says, "If you help me, I will give much money to you."

3. But the man is a bad wizard.

4. The wizard takes Aladdin to a cave.

5. Go inside and bring the lamp to me. If you are in danger, this ring will help you.

6. In the cave, Aladdin finds the lamp.

7. The wizard shouts, "Give me the lamp."
    Aladdin says, "Get me out first and I will give you the lamp."

8. The wizard is angry and he closes the entrance of the cave.

9. The wizard says, "If you don't get me the lamp, I will not get you out."

10. Aladdin rubs his ring. Suddenly a giant appears.

11. The giant says, "I am the giant of the ring. What can I do for you?"

12. Aladdin says, "Give me something to eat. After that take me home."

1. 한 낯선 사람이 알라딘에게 온다.

2. 그는 말한다, "만일 네가 나를 돕는다면, 나는 너에게 많은 돈을 줄 것이다."

3. 그러나 그 사람은 나쁜 마법사이다.

4. 마법사는 알라딘을 동굴로 데리고 간다.

5. 안으로 가서, 램프를 나에게 가지고 와라. 만일 네가 위험에 빠진 다면, 이 반지가 너를 도울 것이다.

6. 그 동굴 안에서 알라딘은 램프를 발견한다.

7. 마법사가 소리친다, "나에게 램프를 줘라." 알라딘은 말한다, "먼저 나를 꺼내 주세요 그러면 램프를 드릴게요."

8. 마법사는 화가 나서 동굴의 입구를 닫는다.

9. 마법사는 말한다, "만일 네가 램프를 나에게 가져오지 않는다면, 나는 너를 꺼내 주지 않을 것이다."

10. 알라딘은 그의 반지를 비빈다. 갑자기 거인이 나타난다.

11. 거인이 말한다, "저는 반지의 거인입니다. 제가 무엇을 할까요?"

12. 알라딘은 말한다, "나에게 먹을 것을 줘. 그런 후 나를 집에 데려다 줘."

다음 문장을 읽고 그 의미를 생각해 보세요.

(단어 아래 괄호 안에 있는 것은 발음기호입니다. 단 명사와 동사가 −s로 끝나는 형태는 −s 부분의 발음기호가 없습니다.)

13. One day Aladdin sees a princess pass
    [prinsés]
    by the village.
       [vílidʒ]

14. Aladdin goes to see the king hurriedly.
                                 [háridli]
    He says, "I want to marry the princess."

15. The king says, "If you want to marry my
    princess, build a castle until tomorrow."
                      [kǽsl]   [tumɔ́:rou]

16. The king is surprised to see a big castle
              [sərpráizd]
    the next day.

17. So Aladdin marries the beautiful
                             [bjú:təfl]
    princess.

18. A few days later, the wizard comes to the
    fantastic castle.
    [fæntǽstik]

19. The wizard says to the princess, "I will change old lamps into new ones."
   [tʃeindʒ]

20. The princess gives Aladdin's lamp to the wizard.

21. The wizard calls the giant of the lamp and says, "Take the princess and this castle to Africa."

22. Aladdin comes back and he is very shocked. He says, "Giant of the ring!
   [ʃakt]
   Take me to the castle."

23. The wizard is asleep. Aladdin says, "Giant
   [əslíːp]
   of the lamp! Take the wizard to the deep cave."

24. After that Aladdin lives happily with the
   [hǽpili]
   princess.

다음 단어의 발음과 의미를 확인해 보세요.

번호	단어 [발음기호]	발음	의미
13	**princess** [prinsés]	프린세스	공주
14	**village** [vílidʒ]	빌리쥐	마을
15	**hurriedly** [hʌ́ridli]	허리들리	서둘러서
16	**castle** [kǽsl]	캐슬	성
17	**tomorrow** [tumɔ́ːrou]	투모오로우	내일
18	**surprised** [sərpráizd]	써어프라이즐	놀란
19	**beautiful** [bjúːtəfl]	뷰우터플	아름다운
20	**fantastic** [fæntǽstik]	팬태스틱	환상적인
21	**change** [tʃeindʒ]	췌인쥐	바꾸다
22	**shocked** [ʃɑkt]	샥트	충격을 받은
23	**asleep** [əslíːp]	어슬리잎	잠들어
24	**happily** [hǽpili]	해필리	행복하게

다음 단어의 의미를 빈 칸에 써 보세요.

번호	단어 [발음기호]	발음	의미
13	**princess** [prinsés]	프린세스	
14	**village** [vílidʒ]	빌리쥐	
15	**hurriedly** [hʌ́ridli]	허리들리	
16	**castle** [kǽsl]	캐슬	
17	**tomorrow** [tumɔ́:rou]	투모오로우	
18	**surprised** [sərpráizd]	써어프라이즐	
19	**beautiful** [bjú:təfl]	뷰우터플	
20	**fantastic** [fæntǽstik]	팬태스틱	
21	**change** [tʃeindʒ]	췌인쥐	
22	**shocked** [ʃɑkt]	샤트	
23	**asleep** [əslíːp]	어슬리잎	
24	**happily** [hǽpili]	해필리	

다음 문장을 읽고 해석을 확인해 보세요.

13. One day Aladdin sees a princess pass by the village.

14. Aladdin goes to see the king hurriedly.He says, "I want to marry the princess."

15. The king says, "If you want to marry my princess, build a castle until tomorrow."

16. The king is surprised to see a big castle the next day.

17. So Aladdin marries the beautiful princess.

18. A few days later, the wizard comes to the fantastic castle.

19. The wizard says to the princess, "I will change old lamps into new ones."

20. The princess gives Aladdin's lamp to the wizard.

21. The wizard calls the giant of the lamp and says, "Take the princess and this castle to Africa."

22. Aladdin comes back and he is very shocked. He says, "Giant of the ring! Take me to the castle."

23. The wizard is asleep. Aladdin says, "Giant of the lamp! Take the wizard to the deep cave."

24. After that Aladdin lives happily with the princess.

13. 어느 날 알라딘은 공주가 마을 옆을 지나가는 것을 본다.

14. 알라딘은 서둘러서 왕을 보려고 간다. 알라딘은 말한다,
    "저는 공주와 결혼하기를 원합니다."

15. 왕은 말한다, "만일 네가 나의 공주와 결혼하기를 원한다면, 내
    일까지 성을 세워라."

16. 왕은 다음 날 큰 성을 보고 놀란다.

17. 그래서 알라딘은 아름다운 공주와 결혼한다.

18. 며칠 후 마법사는 그 환상적인 성에 온다.

19. 마법사가 공주에게 말한다,
    "저는 오래된 램프를 새로운 램프로 바꿔줄 수 있습니다."

20. 공주는 알라딘의 램프를 마법사에게 준다.

21. 마법사는 램프의 거인을 불러 말한다,
    "공주와 이 성을 아프리카로 가져가라."

22. 알라딘이 돌아와서 매우 충격을 받는다. 그는 말한다,
    "반지의 거인아! 나를 성에 데려다 줘라."

23. 마법사가 잠들어 있다. 알라딘은 말한다,
    "램프의 거인아! 마법사를 깊은 동굴로 데리고 가라."

24. 그 후 알라딘은 공주와 행복하게 산다.

8

The golden fish

다음 문장을 읽고 그 의미를 생각해 보세요.

(단어 아래 괄호 안에 있는 것은 발음기호입니다. 단 명사와 동사가 -s로 끝나는 형태는 -s 부분의 발음기호가 없습니다.)

1. An old man and his wife live in a cottage
   near the sea.
   [kátidʒ]

2. He is a fisherman.
   [fíʃərmæn]

3. One day the wife shouts, "Go and catch
   some fish."
   [kætʃ]

4. He catches a strange fish. It has golden
   scales.
   [góuldən]
   [skeil]

5. The golden fish says, "Please let me go. I
   will never forget you."
   [fərgét]

6. The old man thinks, "My wife will be angry
   if I let this fish go."

7. But he <u>allows</u> the fish to go <u>because</u> he
[əláu]   [bikɔ́ːz]
feels sorry.

8. The old man says, "Be more <u>careful</u> next
[kéərfl]
time."

9. The golden fish says, "If you need any
help, only <u>call</u> 'Golden Fish!'"
[kɔːl]

10. The old man tells his wife about the
<u>mystical</u> fish.
[místikəl]

11. His wife shouts, "You are very <u>stupid</u>."
[stjúːpid]

12. His wife shouts again, "Go out and ask
for a new cottage."

다음 단어의 발음과 의미를 확인해 보세요.

번호	단어 [발음기호]	발음	의미
1	**cottage** [kátidʒ]	카티쥐	시골집, 오두막
2	**fisherman** [fíʃərmæn]	피셔맨	어부
3	**catch** [kætʃ]	캐취	붙잡다
4	**golden** [góuldən]	고울던	금빛의
5	**scale** [skeil]	스께일	비늘
6	**forget** [fərgét]	퍼어겥	잊다
7	**allow** [əláu]	얼라우	허락하다
8	**because** [bikɔ́ːz]	비코오즈	~때문에
9	**careful** [kéərfl]	케어어플	조심스러운
10	**call** [kɔːl]	코올	부르다
11	**mystical** [místikəl]	미스티컬	신비스러운
12	**stupid** [stjúːpid]	스뮤우핃	바보 같은

다음 단어의 의미를 빈 칸에 써 보세요.

번호	단어 [발음기호]	발음	의미
1	**cottage** [kátidʒ]	카티쥐	
2	**fisherman** [fíʃərmæn]	피셔맨	
3	**catch** [kætʃ]	캐취	
4	**golden** [góuldən]	고울던	
5	**scale** [skeil]	스께일	
6	**forget** [fərgét]	퍼어겥	
7	**allow** [əláu]	얼라우	
8	**because** [bikɔ́ːz]	비코오즈	
9	**careful** [kéərfl]	케어어플	
10	**call** [kɔːl]	코올	
11	**mystical** [místikəl]	미스티컬	
12	**stupid** [stjúːpid]	스뮤우핃	

다음 문장을 읽고 해석을 확인해 보세요.

1. An old man and his wife live in a cottage near the sea.

2. He is a fisherman.

3. One day the wife shouts, "Go and catch some fish."

4. He catches a strange fish. It has golden scales.

5. The golden fish says,
   "Please let me go. I will never forget you."

6. The old man thinks, "My wife will be angry if I let this fish go."

7. But he allows the fish to go because he feels sorry.

8. The old man says, "Be more careful next time."

9. The golden fish says, "If you need any help, only call 'Golden Fish!'"

10. The old man tells his wife about the mystical fish.

11. His wife shouts, "You are very stupid."

12. His wife shouts again, "Go out and ask for a new cottage."

1. 노인과 그의 부인이 바다와 가까운 오두막에 산다.

2. 그는 어부다.

3. 어느 날 아내가 소리친다, "가서 물고기를 잡아."

4. 그는 이상한 물고기를 잡는다. 그 물고기는 금빛의 비늘을 가지고 있다.

5. 금빛의 물고기가 말한다, "제발 저를 가도록 해 주세요. 제가 결코 당신을 잊지 않을 것입니다."

6. 노인은 생각한다, "만일 내가 이 물고기를 놓아 준다면, 아내가 화를 낼 것이다."

7. 그러나 그는 불쌍하다고 느끼기 때문에 그 물고기가 가도록 허락한다.

8. 노인은 말한다, "다음번에는 좀 더 조심해라."

9. 금빛의 물고기는 말한다, "만일 당신이 어떤 도움이 필요하다면, 단지 'Golden Fish'라고 부르세요."

10. 노인은 아내에게 그 신비스러운 물고기에 대하여 말한다.

11. 그의 아내는 소리친다, "당신은 매우 바보 같아."

12. 그의 아내는 다시 소리친다, "가서 새로운 오두막을 달라고 요청해."

다음 문장을 읽고 그 의미를 생각해 보세요.

(단어 아래 괄호 안에 있는 것은 발음기호입니다. 단 명사와 동사가 −s로 끝나는 형태는 −s 부분의 발음기호가 없습니다.)

13. The old man calls, "Golden fish! Golden fish!"Suddenly the waves foam.
[foum]

14. The Golden fish appears to the surface.
[sə́ːrfis]

15. The old man says, "My wife wants a new cottage."

16. Your wish will come true. Go home now.
[kʌm]　　　[houm]

17. The old man is amazed when he comes home.
[əméizd]

18. A new cottage is in the place of his house.
[pleis]
[haus]

19. But his wife is still unhappy.
[stil]

20. I want a beautiful mansion.
[mǽnʃən]

21. So the old man asks for another wish to the fish.
[ənʌ́ðər]

22. The cottage changes into a big, wonderful mansion."
[wʌ́ndərfl]

23. His wife wants more ambition.
[æmbíʃən]

24. I want to be a queen.

다음 단어의 발음과 의미를 확인해 보세요.

번호	단어 [발음기호]	발음	의미
13	**foam** [foum]	포움	거품이 생기다
14	**surface** [sɔ́ːrfis]	써어피스	표면, 수면
15	**come** [kʌm]	컴	오다
16	**home** [houm]	호움	집에, 가정
17	**amazed** [əméizd]	어메이즈드	놀란
18	**place** [pleis]	플레이스	장소
19	**house** [haus]	하우스	집(건물)
20	**still** [stil]	스띨	여전히
21	**mansion** [mǽnʃən]	맨션	큰 집, 대저택
22	**another** [ənʌ́ðər]	어너더어	또 하나의
23	**wonderful** [wʌ́ndəːrfl]	원더어플	훌륭한, 놀랄만한
24	**ambition** [æmbíʃən]	앰비션	야망

다음 단어의 의미를 빈 칸에 써 보세요.

번호	단어 [발음기호]	발음	의미
13	**foam** [foum]	포움	
14	**surface** [sə́:rfis]	써어피스	
15	**come** [kʌm]	컴	
16	**home** [houm]	호움	
17	**amazed** [əméizd]	어메이즐	
18	**place** [pleis]	플레이스	
19	**house** [haus]	하우스	
20	**still** [stil]	스띨	
21	**mansion** [mǽnʃən]	맨션	
22	**another** [ənʌ́ðər]	어너더어	
23	**wonderful** [wʌ́ndəːrfl]	원더어플	
24	**ambition** [æmbíʃən]	앰비션	

다음 문장을 읽고 해석을 확인해 보세요.

13. The old man calls, "Golden fish! Golden fish!" Suddenly the waves foam.

14. The Golden fish appears to the surface.

15. The old man says, "My wife wants a new cottage."

16. Your wish will come true. Go home now.

17. The old man is amazed when he comes home.

18. A new cottage is in the place of his house.

19. But his wife is still unhappy.

20. I want a beautiful mansion.

21. So the old man asks for another wish to the fish.

22. The cottage changes into a big, wonderful mansion.

23. His wife wants more ambition.

24. I want to be a queen.

13. 노인이 부른다, "금빛 물고기야! 금빛 물고기야!" 갑자기 물결에 거품이 생긴다.

14. 금빛 물고기가 수면으로 나타난다.

15. 노인이 말한다, "아내가 새로운 오두막을 원해."

16. 당신의 소망은 이루어질 것입니다. 지금 집에 가 보세요.

17. 노인은 집에 와 놀란다.

18. 새로운 오두막이 그의 집이 있었던 장소에 있다.

19. 그러나 그의 아내는 여전히 불행하다.

20. 나는 아름다운 큰 집을 원해요.

21. 그래서 노인은 물고기에게 또 하나의 소망을 요청한다.

22. 오두막은 크고, 훌륭한 큰 집으로 바뀐다.

23. 그의 아내는 더 많은 야망을 원한다

24. 나는 여왕이 되기를 원해요.

다음 문장을 읽고 그 의미를 생각해 보세요.
(단어 아래 괄호 안에 있는 것은 발음기호입니다. 단 명사와 동사가 −s로 끝나는 형태는 −s 부분의 발음기호가 없습니다.)

25. She shouts, "Say to the fish that I want to be a queen."

26. The old man says to the fish, "My wife wants to be a queen."

27. The golden fish thinks for a minute.
[mínit]
Then it says, "This is your last wish. You should not be so greedy."
[ʃud]   [gríːdi]

28. Now his wife is a queen of a palace.
She orders the servants to throw her old
[sə́rvənt]
husband out.
[hʌ́zbənd]

29. A few days later, the queen orders her servants, "Find the old man."

30. "Now I want to be Empress of the sea."
    [émpris]

    the queen says.

31. The old man is afraid of the queen and
    [əfréid]
    goes back to the fish.

32. He says, "Golden fish! My wife wants to
    be Empress of the sea." At this, the fish
    disappears into the sea.
    [dìsəpíər]

33. Suddenly, the sky gets dark and thunder
    [Θ ʌ́ndər]
    and lightning happens.
    [láitniŋ]   [hǽpən]

34. The old man runs to his house.

35. The palace disappears. In its place is the
    old cottage.

36. They go back to their old life.

다음 단어의 발음과 의미를 확인해 보세요.

번호	단어 [발음기호]	발음	의미
25	**minute** [mínit]	미닡, 미니트	분, 잠시
26	**should** [ʃud]	슏, 슈드	~해야만 한다
27	**greedy** [gríːdi]	그리이디	탐욕스러운
28	**servant** [sə́rvənt]	써어번트	하인, 종
29	**throw** [θrou]	쓰로우	던지다
30	**husband** [hʌ́zbənd]	허즈번드	남편
31	**empress** [émpris]	엠프리스	여황제
32	**afraid** [əfréid]	어프레이드	두려워 하는
33	**disappear** [dìsəpíər]	디서피어	사라지다
34	**thunder** [θʌ́ndər]	썬더어	천둥
35	**lightning** [láitniŋ]	라이트닝	번개
36	**happen** [hǽpən]	해편	발생하다

다음 단어의 의미를 빈 칸에 써 보세요.

번호	단어 [발음기호]	발음	의미
25	**minute** [mínit]	미닡, 미니트	
26	**should** [ʃud]	슏, 슈드	
27	**greedy** [gríːdi]	그리이디	
28	**servant** [sɚ́rvənt]	써어번트	
29	**throw** [Өrou]	쓰로우	
30	**husband** [hʌ́zbənd]	허즈번드	
31	**empress** [émpris]	엠프리스	
32	**afraid** [əfréid]	어프레이드	
33	**disappear** [dìsəpíər]	디서피어	
34	**thunder** [Өʌ́ndər]	썬더어	
35	**lightning** [láitniŋ]	라이트닝	
36	**happen** [hǽpən]	해편	

다음 문장을 읽고 해석을 확인해 보세요.

25. She shouts, "Say to the fish that I want to be a queen."

26. The old man says to the fish, "My wife wants to be a queen."

27. The golden fish thinks for a minute. Then it says, "This is your last wish. You should not be so greedy."

28. Now his wife is a queen of a palace. She orders the servants to throw her old husband out.

29. A few days later, the queen orders her servants, "Find the old man."

30. "Now I want to be Empress of the sea." the queen says.

31. The old man is afraid of the queen and goes back to the fish.

32. He says, "Golden fish! My wife wants to be Empress of the sea." At this, the fish disappears into the sea.

33. Suddenly, the sky gets dark and thunder and lightning happens.

34. The old man runs to his house.

35. The palace disappears. In its place is the old cottage.

36. They go back to their old life.

25. 그녀는 소리친다, "내가 여왕이 되기를 원한다고 고기에게 말해."

26. 노인이 고기에게 말한다, "아내가 여왕이 되기를 원해."

27. 금빛 물고기는 잠시 동안 생각을 한다. 그리고 말한다,
    "이것이 당신의 마지막 소망입니다. 당신은 너무나 탐욕스럽지
    않아야한다."

28. 이제 그의 아내는 궁전의 여왕이다. 그녀는 하인들에게 그녀의 늙
    은 남편을 쫓아내라고 명령한다.

29. 며칠 후 여왕은 하인들에게 명령한다, "노인을 찾아와라."

30. "이제 나는 바다의 여황제가 되기를 원해." 여왕은 말한다.

31. 노인은 여왕을 두려워 한다 그래서 다시 고기에게로 간다.

32. 노인은 말한다, "금빛 물고기야! 아내가 바다의 여황제가 되기를
    원해." 이 말에 그 물고기는 바다 속으로 사라진다.

33. 갑자기 하늘이 어둡게 되고 천둥과 번개가 발생한다.

34. 노인은 집으로 달려간다.

35. 궁전은 사라지고 그 자리에 낡은 오두막이 있다.

36. 그들은 다시 그들의 이전의 생활로 돌아간다.

9
Animal

다음 단어를 읽고 그 의미를 생각해 보세요.
(괄호 안에 있는 것은 발음기호입니다.)

fox
[fɑks]

deer
[diər]

monkey
[mʌ́ŋki]

lion
[láiən]

bear
[bɛər]

elephant
[éləfənt]

whale
[(h)weil]

dolphin
[dálfin]

camel
[kǽməl]

zebra
[zíːbrə]

rabbit
[rǽbit]

alligator
[ǽligèitər]

다음 단어의 발음과 의미를 확인해 보세요.

번호	단어 [발음기호]	발음	의미
1	**fox** [fɑks]	팍스	여우
2	**deer** [diər]	디어어	사슴
3	**monkey** [mʌ́ŋki]	멍키	원숭이
4	**lion** [láiən]	라이언	사자
5	**bear** [bɛər]	베어어	곰
6	**elephant** [éləfənt]	엘러펀트	코끼리
7	**whale** [(h)weil]	훼일, 웨일	고래
8	**dolphin** [dálfin]	달핀	돌고래
9	**camel** [kǽməl]	캐멀	낙타
10	**zebra** [zíːbrə]	지이브러	얼룩말
11	**rabbit** [rǽbit]	래빝	집토끼
12	**alligator** [ǽligèitər]	앨리게이터어	악어

다음 단어의 의미를 빈 칸에 써 보세요.

번호	단어 [발음기호]	발음	의미
1	**fox** [fɑks]	팍스	
2	**deer** [diər]	디어어	
3	**monkey** [mʌ́ŋki]	멍키	
4	**lion** [láiən]	라이언	
5	**bear** [bɛər]	베어어	
6	**elephant** [éləfənt]	엘러펀트	
7	**whale** [(h)weil]	훼일, 웨일	
8	**dolphin** [dálfin]	달핀	
9	**camel** [kǽməl]	캐멀	
10	**zebra** [zíːbrə]	지이브러	
11	**rabbit** [rǽbit]	래빝	
12	**alligator** [ǽligèitər]	앨리게이터어	

다음 문장을 읽고 해석을 확인해 보세요.

1. A fox is a wild animal.

2. A deer is a mild animal.

3. A monkey is a smart animal.

4. Don't wake a sleeping lion..

5. Two bears live in this mountain.

6. An elephant has a long nose.

7. A whale lives in the sea.

8. A dolphin is a very smart fish.

9. A camel travels through the desert.

10. A zebra lives in Africa.

11. A rabbit likes carrots. ⇒ 비교 : hare(산토끼)

12. Alligators swim in the water.

1. 여우는 야생동물이다.

2. 사슴은 온순한 동물이다.

3. 원숭이는 영리한 동물이다.

4. 잠자는 사자를 깨우지 마라.

5. 두 마리의 곰이 이 산에 산다.

6. 코끼리는 긴 코를 가지고 있다.

7. 고래는 바다에서 산다.

8. 돌고래는 매우 영리한 물고기이다.

9. 낙타는 사막에서 여행한다.

10. 얼룩말은 아프리카에서 산다.

11. 토끼는 당근을 좋아한다.

12. 악어가 물속에서 헤엄친다.

10

Bird

다음 단어를 읽고 그 의미를 생각해 보세요.

(괄호 안에 있는 것은 발음기호입니다.)

eagle
[íːgl]

owl
[aul]

hawk
[hɔːk]

swan
[swɑn]

parrot
[pǽrət]

turkey
[tə́ːrki]

peacock
[píːkɑ̀k]

ostrich
[ɑ́stritʃ]

pheasant
[fézənt]

swallow
[swɑ́lou]

sparrow
[spǽrou]

woodpecker
[wúdpèkər]

다음 단어의 발음과 의미를 확인해 보세요.

번호	단어 [발음기호]	발음	의미
1	**eagle** [íːgl]	이이글	독수리
2	**owl** [aul]	아울	올빼미
3	**hawk** [hɔːk]	호옥	매
4	**swan** [swɑn]	스완	백조
5	**parrot** [pǽrət]	패럳	앵무새
6	**turkey** [tɔ́ːrki]	터어키	칠면조
7	**peacock** [píːkàk]	피이칵	공작
8	**ostrich** [ástritʃ]	아스츄리취	타조
9	**pheasant** [fézənt]	페전트	꿩
10	**swallow** [swálou]	스왈로우	제비
11	**sparrow** [spǽrou]	스빼로우	참새
12	**woodpecker** [wúdpèkər]	우드페커어	딱따구리

다음 단어의 의미를 빈 칸에 써 보세요.

번호	단어 [발음기호]	발음	의미
1	**eagle** [íːgl]	이이글	
2	**owl** [aul]	아울	
3	**hawk** [hɔːk]	호옥	
4	**swan** [swɑn]	스완	
5	**parrot** [pǽrət]	패럴	
6	**turkey** [tə́ːrki]	터어키	
7	**peacock** [píːkàk]	피이칵	
8	**ostrich** [ástritʃ]	아스츄리취	
9	**pheasant** [fézənt]	페전트	
10	**swallow** [swálou]	스왈로우	
11	**sparrow** [spǽrou]	스빼로우	
12	**woodpecker** [wúdpèkər]	우드페커어	

다음 문장을 읽고 해석을 확인해 보세요.

1. Eagles are very large and eat animals and birds.

2. An owl has two large eyes.

3. A hawk hunts animals for food.

4. Swans live in and around water.

5. Parrots can mimic words.

6. Today people keep turkeys on a farm for their meat.

7. Peacocks are famous for their beautiful tail-feathers.

8. An ostrich is tall and can run very fast but can't fly.

9. A pheasant is a bird with a long tail.

10. Swallows eat mainly insects.

11. A sparrow is small, brown and very common.

12. Woodpeckers use their beaks to make holes in trees.

1. 독수리는 매우 크고, 동물과 새를 먹는다.

2. 올빼미는 두 개의 커다란 눈을 가지고 있다.

3. 매는 먹이로 동물을 사냥한다.

4. 백조는 물속이나 물 근처에서 산다.

5. 앵무새는 말을 흉내 낼 수 있다.

6. 오늘날 사람들은 고기를 먹기 위해 농장에서 칠면조를 기른다.

7. 공작은 아름다운 꼬리 깃털로 유명하다.

8. 타조는 키가 크고, 매우 빨리 달릴 수 있지만, 날 수는 없다.

9. 꿩은 긴 꼬리를 가진 새이다.

10. 제비는 주로 곤충을 먹는다.

11. 참새는 작고, 갈색이며 매우 흔하다.

12. 딱따구리는 나무에 구멍을 만들기 위해서 부리를 사용한다.

11
City

다음 단어를 읽고 그 의미를 생각해 보세요.
(괄호 안에 있는 것은 발음기호입니다.)

bank
[bæŋk]

fire station
[faiər][stéiʃən]

police station
[pəlí:s][stéiʃən]

church
[tʃə:rtʃ]

sign
[sain]

theater
[θíətər]

ambulance
[æmbjuləns]

road
[roud]

hospital
[háspitl]

passerby
[pǽsərbai]

post office
[poust][ó:fis]

department store
[dipá:rtmənt][stɔ:r]

다음 단어의 발음과 의미를 확인해 보세요.

번호	단어 [발음기호]	발음	의미
1	**bank** [bæŋk]	뱅크	은행
2	**fire station** [faiər] [stéiʃən]	파이어어 스떼이션	소방서
3	**police station** [pəlíːs] [stéiʃən]	펄리이스 스떼이션	경찰서
4	**church** [tʃəːrtʃ]	쳐어취	교회
5	**sign** [sain]	싸인	표지판
6	**theater** [θíətər]	씨어터어	극장
7	**ambulance** [ǽmbjuləns]	앰뷸런스	구급차
8	**road** [roud]	로우드	도로, 길
9	**hospital** [háspitl]	하스피틀	병원
10	**passerby** [pǽsərbai]	패서어바이	행인
11	**post office** [poust] [ɔ́ːfis]	포우스트 오오피스	우체국
12	**department store** [dipáːrtmənt] [stɔːr]	디파아트먼트 스또오	백화점

다음 단어의 의미를 빈 칸에 써 보세요.

번호	단어 [발음기호]	발음	의미
1	**bank** [bæŋk]	뱅크	
2	**fire station** [faiər] [stéiʃən]	파이어어 스떼이션	
3	**police station** [pəlí:s] [stéiʃən]	펄리이스 스떼이션	
4	**church** [tʃə:rtʃ]	쳐어춰	
5	**sign** [sain]	싸인	
6	**theater** [θíətər]	씨어터어	
7	**ambulance** [ǽmbjuləns]	앰뷸런스	
8	**road** [roud]	로우드	
9	**hospital** [háspitl]	하스피틀	
10	**passerby** [pǽsərbai]	패서어바이	
11	**post office** [poust] [ɔ́:fis]	포우스트 오오피스	
12	**department store** [dipá:rtmənt] [stɔ:r]	디파아트먼트 스또오	

다음 문장을 읽고 해석을 확인해 보세요.

1. You can borrow money from a bank.

2. Fire-fighters wait in a fire station.

3. A police station is next to a fire station.

4. People pray to God in a church.

5. A road sign gives information about road.

6. People see movies and plays in a theater.

7. An ambulance takes sick people to the hospital.

8. The surface of a road is usually hard and smooth.

9. Nurses and doctors look after sick people in a hospital.

10. A passerby is walking in the street.

11. People buy stamps and send letters in a post office.

12. A department store is large and sells many kinds of goods.

1. 여러분은 은행에서 돈을 빌릴 수 있다.

2. 소방관들은 소방서에서 기다린다(대기한다).

3. 경찰서가 소방서 옆에 있다.

4. 사람들은 교회에서 신에게 기도한다.

5. 도로 표지판은 도로에 관한 정보를 제공한다.

6. 사람들은 극장에서 영화나 연극을 본다.

7. 구급차는 아픈 사람들을 병원에 데리고 간다.

8. 도로의 표면은 보통 단단하고 부드럽다.

9. 간호사와 의사가 병원에서 아픈 사람들을 돌본다.

10. 한 행인이 거리에서 걷고 있다.

11. 사람들은 우체국에서 우표를 사고 편지를 보낸다.

12. 백화점은 크고 많은 종류의 상품을 판다.

12

Classroom

다음 단어를 읽고 그 의미를 생각해 보세요.

(괄호 안에 있는 것은 발음기호입니다.)

blackboard
[blǽkbɔ̀ːrd]

chalk
[tʃɔːk]

eraser
[iréizər]

desk
[desk]

sculpture
[skʌ́lptʃər]

map
[mæp]

picture
[píktʃər]

chair
[tʃɛər]

pupil
[pjúːpl]

notebook
[nóutbùk]

pencil
[pénsl]

pencil case
[keis]

다음 단어의 발음과 의미를 확인해 보세요.

번호	단어 [발음기호]	발음	의미
1	**blackboard** [blǽkbɔ̀ːrd]	블랙보오드	칠판
2	**chalk** [tʃɔːk]	쵸옥	분필
3	**eraser** [iréizər]	이레이저어	지우개
4	**desk** [desk]	데스크	책상
5	**sculpture** [skʌ́lptʃər]	스껄프쳐어	조각, 조각품
6	**map** [mæp]	맾	지도
7	**picture** [píktʃər]	픽쳐어	그림
8	**chair** [tʃɛər]	췌어어	의자
9	**pupil** [pjúːpl]	퓨우플	초등학생
10	**notebook** [nóutbùk]	노우트북	공책
11	**pencil** [pénsl]	펜슬	연필
12	**pencil case** [keis]	펜슬 케이스	필통

다음 단어의 의미를 빈 칸에 써 보세요.

번호	단어 [발음기호]	발음	의미
1	**blackboard** [blǽkbɔːrd]	블랙보오드	
2	**chalk** [tʃɔːk]	쵸옥	
3	**eraser** [iréizər]	이레이저어	
4	**desk** [desk]	데스크	
5	**sculpture** [skʌ́lptʃər]	스껄프쳐어	
6	**map** [mæp]	맾	
7	**picture** [píktʃər]	픽쳐어	
8	**chair** [tʃɛər]	췌어어	
9	**pupil** [pjúːpl]	퓨우플	
10	**notebook** [nóutbùk]	노우트북	
11	**pencil** [pénsl]	펜슬	
12	**pencil case** [keis]	펜슬케이스	

다음 문장을 읽고 해석을 확인해 보세요.

1. You can write on a blackboard

2. Chalk is white and soft.

3. Eraser is usually made of rubber.

4. He sits at a desk to study.

5. A sculpture is a work of art.

6. There are two maps on the desk.

7. She can draw two pictures for three hours.

8. Chairs have four legs.

9. There are about twenty five pupils in each class.

10. Write these words in your notebook.

11. Write your name with a pencil.

12. This pencil case is very good.

1. 당신은 칠판 위에 쓸 수 있다.

2. 분필은 하얗고 부드럽다.

3. 지우개는 보통 고무로 만들어져 있다.

4. 그는 공부하기 위해 책상에 앉아 있다.

5. 조각은 예술작품이다.

6. 책상 위에 두 개의 지도가 있다.

7. 그녀는 3시간 동안 2개의 그림을 그릴 수 있다.

8. 의자는 4개의 다리를 가지고 있다.

9. 각각의 교실에 약 25명의 학생이 있다.

10. 이 단어들을 당신의 공책에 써라.

11. 당신의 이름을 연필로 써라.

12. 이 필통은 매우 좋다.

13
Daily necessities

다음 단어를 읽고 그 의미를 생각해 보세요.
(괄호 안에 있는 것은 발음기호입니다.)

soap
[soup]

towel
[táuəl]

tissue
[tíʃuː]

toothbrush
[túːθbrʌʃ]

toothpaste
[túːθpèist]

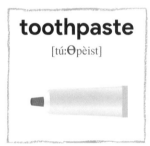

thread
[θred]

needle
[níːdl]

detergent
[ditə́ːrdʒənt]

bucket
[bʌ́kit]

broom
[brum]

hanger
[hǽŋər]

umbrella
[ʌmbrélə]

다음 단어의 발음과 의미를 확인해 보세요.

번호	단어 [발음기호]	발음	의미
1	**soap** [soup]	쏘_웊	비누
2	**towel** [táuəl]	타우얼	수건
3	**tissue** [tíʃuː]	티슈우	얇은 화장지
4	**toothbrush** [túːθbrʌʃ]	투우쓰브러쉬	칫솔
5	**toothpaste** [túːθpèist]	투우쓰페이스트	치약
6	**thread** [θred]	쓰렏	실
7	**needle** [níːdl]	니이들	바늘
8	**detergent** [ditə́ːrdʒənt]	디터어젼트	세제
9	**bucket** [bʌ́kit]	버킽	양동이
10	**broom** [brum]	브룸	비, 빗자루
11	**hanger** [hǽŋər]	행어어	옷걸이
12	**umbrella** [ʌmbrélə]	엄브렐러	우산

다음 단어의 의미를 빈 칸에 써 보세요.

번호	단어 [발음기호]	발음	의미
1	**soap** [soup]	쏘웊	
2	**towel** [táuəl]	타우얼	
3	**tissue** [tíʃuː]	티슈우	
4	**toothbrush** [túːθbrʌʃ]	투우쓰브러쉬	
5	**toothpaste** [túːθpèist]	투우쓰페이스트	
6	**thread** [θred]	쓰렏	
7	**needle** [níːdl]	니이들	
8	**detergent** [ditə́ːrdʒənt]	디터어젼트	
9	**bucket** [bʌ́kit]	버킽	
10	**broom** [brum]	브룸	
11	**hanger** [hǽŋər]	행어어	
12	**umbrella** [ʌmbrélə]	엄브렐러	

다음 문장을 읽고 해석을 확인해 보세요.

1. We wash our hands with soap.

2. He will dry his face with a towel.

3. My mother will buy a box of tissues.

4. My mother will buy a toothbrush, too.

5. We put some toothpaste on your toothbrush every morning

6. Thread is very thin and long.

7. There is a needle and thread there.

8. We use detergent to wash clothes.

9. I will carry water in a bucket.

10. We use a broom to sweep the floor.

11. We hang clothes on a hanger.

12. This umbrella is very expensive.

1. 우리는 비누로 손을 씻는다.

2. 그는 수건으로 그의 얼굴을 닦을 것이다.

3. 엄마는 화장지 한 상자를 살 것이다.

4. 엄마는 칫솔도 역시 살 것이다.

5. 우리는 매일 아침 칫솔 위에 치약을 바른다.

6. 실은 매우 얇고 길다.

7. 저기에 실을 꿴 바늘이 있다.

8. 우리는 옷을 세탁하기 위해서 세제를 사용한다.

9. 나는 양동이로 물을 운반할 것이다.

10. 우리는 마루를 쓸기 위해서 비를 사용한다.

11. 우리는 옷걸이에 옷을 매단다.

12. 이 우산은 매우 비싸다.

14

Food

다음 단어를 읽고 그 의미를 생각해 보세요.
(괄호 안에 있는 것은 발음기호입니다.)

corn

[kɔːrn]

cocoa

[kóukou]

sausage

[sɔ́sidʒ]

bread

[bred]

sugar

[ʃúgər]

onion

[ʌ́njən]

salt

[sɔːlt]

noodle

[núːdl]

hamburger

[hǽmbə̀ːrgər]

spaghetti

[spəgéti]

salad

[sǽləd]

steak

[steik]

다음 단어의 발음과 의미를 확인해 보세요.

번호	단어 [발음기호]	발음	의미
1	**corn** [kɔːrn]	코온	옥수수
2	**cocoa** [kóukou]	코우코우	코코아
3	**sausage** [sɔ́sidʒ]	쏘시쥐	소시지
4	**bread** [bred]	브렏 / 브레드	빵
5	**sugar** [ʃúgər]	슈거어	설탕
6	**onion** [ʌ́njən]	어니언, 어년	양파
7	**salt** [sɔːlt]	쏘올트	소금
8	**noodle** [núːdl]	누우들	국수
9	**hamburger** [hǽmbə̀ːrgər]	햄버어거어	햄버거
10	**spaghetti** [spəgéti]	스뻐게티	스파게티
11	**salad** [sǽləd]	쌜러드	샐러드
12	**steak** [steik]	스떼읔 / 스떼이크	스테이크 (두껍게 썬 고기)

다음 단어의 의미를 빈 칸에 써 보세요.

번호	단어 [발음기호]	발음	의미
1	**corn** [kɔːrn]	코온	
2	**cocoa** [kóukou]	코우코우	
3	**sausage** [sɔ́sidʒ]	쏘시쥐	
4	**bread** [bred]	브렏 / 브레드	
5	**sugar** [ʃúgər]	슈거어	
6	**onion** [ʌ́njən]	어니언, 어년	
7	**salt** [sɔːlt]	쏘올트	
8	**noodle** [núːdl]	누우들	
9	**hamburger** [hǽmbə̀ːrgər]	햄버어거어	
10	**spaghetti** [spəgéti]	스뻐게티	
11	**salad** [sǽləd]	쌜러드	
12	**steak** [steik]	스떼읽 / 스떼이크	

다음 문장을 읽고 해석을 확인해 보세요.

1. There is a field of corn near my village.

2. We use cocoa to make chocolate.

3. We make sausage by usually using pork.

4. They usually eat bread for breakfast.

5. Do you put sugar in your coffee?

6. An onion has a strong smell.

7. Pass me the salt.

8. Noodle is thin and long.

9. Give me two hamburgers.

10. Spaghetti is a kind of pasta.

11. I make the salad with my mother.

12. We eat a steak in a restaurant.

1. 우리 마을 근처에 옥수수 밭이 있다.

2. 우리는 초콜릿을 만들기 위해 코코아를 사용한다.

3. 우리는 보통 돼지고기를 사용하여 소시지를 만든다.

4. 그들은 보통 아침식사로 빵을 먹는다.

5. 당신은 커피에 설탕을 넣습니까?

6. 양파는 강한 냄새를 가지고 있다.

7. 나에게 소금을 주세요.

8. 국수는 가늘고 길다.

9. 나에게 두 개의 햄버거를 주세요.

10. 스파게티는 파스타의 한 종류이다.

11. 나는 어머니와 함께 샐러드를 만든다.

12. 우리는 식당에서 스테이크를 먹는다.

15

Fruit

다음 단어를 읽고 그 의미를 생각해 보세요.

(괄호 안에 있는 것은 발음기호입니다.)

apple

[ǽpl]

pear

[peər]

cherry

[tʃéri]

peach

[piːtʃ]

strawberry

[strɔ́ːbèri]

grape

[greip]

melon

[mélən]

blueberry

[blúːbèri]

banana

[bənǽnə]

watermelon

[wɔ́ːtərmèlən]

persimmon

[pərsímən]

chestnut

[tʃésnʌt]

다음 단어의 발음과 의미를 확인해 보세요.

번호	단어 [발음기호]	발음	의미
1	**apple** [ǽpl]	애플	사과
2	**pear** [pɛər]	페어어	배
3	**cherry** [tʃéri]	췌리	벚나무, 버찌
4	**peach** [piːtʃ]	피이춰	복숭아
5	**strawberry** [strɔ́ːbèri]	스뜨로오베리	딸기
6	**grape** [greip]	그레이프	포도
7	**melon** [mélən]	멜런	멜론
8	**blueberry** [blúːbèri]	블루우베리	블루베리
9	**banana** [bənǽnə]	버내너	바나나
10	**watermelon** [wɔ́ːtərmèlən]	워-터어멜런	수박
11	**persimmon** [pərsímən]	퍼어시먼	감
12	**chestnut** [tʃésnʌt]	췌스넡	밤, 밤나무

다음 단어의 의미를 빈 칸에 써 보세요.

번호	단어 [발음기호]	발음	의미
1	**apple** [ǽpl]	애플	
2	**pear** [pɛər]	페어어	
3	**cherry** [tʃéri]	췌리	
4	**peach** [piːtʃ]	피이취	
5	**strawberry** [strɔ́ːbèri]	스뜨로오베리	
6	**grape** [greip]	그레이프	
7	**melon** [mélən]	멜런	
8	**blueberry** [blúːbèri]	블루우베리	
9	**banana** [bənǽnə]	버내너	
10	**watermelon** [wɔ́ːtərmèlən]	워-터어멜런	
11	**persimmon** [pərsímən]	퍼어시먼	
12	**chestnut** [tʃésnʌt]	췌스넡	

다음 문장을 읽고 해석을 확인해 보세요.

1. An apple is green or red.

2. These pears are sweet.

3. Cherries are small, round fruit with red skins.

4. A peach has a soft skin.

5. Let's eat strawberries.

6. Grapes make wine.

7. A melon is a large sweet fruit.

8. A blueberry is a small dark blue fruit.

9. Our family eat bananas for breakfast.

10. A watermelon is large round and has black seeds.

11. I have two persimmons.

12. A chestnut tree is a tall tree with broad leaves.

1. 사과는 녹색이거나 혹은 빨간색이다.

2. 이 배들은 달콤하다.

3. 체리는 빨간색의 껍질을 가진 작고 둥근 과일이다.

4. 복숭아는 부드러운 껍질을 가지고 있다.

5. 딸기를 먹자.

6. 포도는 포도주를 만든다.

7. 멜론은 크고, 달콤한 과일이다.

8. 블루베리는 작고 진한 푸른색의 과일이다.

9. 우리 가족은 아침식사로 바나나를 먹는다.

10. 수박은 크고 둥글다. 그리고 검은 씨앗을 가지고 있다.

11. 나는 두 개의 감을 가지고 있다.

12. 밤나무는 넓은 잎을 가진 키가 큰 나무다.

16

Bug

다음 단어를 읽고 그 의미를 생각해 보세요.
(괄호 안에 있는 것은 발음기호입니다.)

fly
[flai]

moth
[mɔθ]

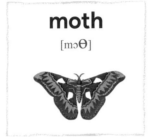

butterfly
[bʌ́tərflà]

beetle
[bíːtl]

grasshopper
[grǽshapər]

cockroach
[kάkròutʃ]

firefly
[fáiərflài]

dragonfly
[drǽgənflài]

cricket
[kríkit]

mosquito
[məskíːtou]

ant
[ænt]

honeybee
[hʌ́nibìː]

다음 단어의 발음과 의미를 확인해 보세요.

번호	단어 [발음기호]	발음	의미
1	**fly** [flai]	플라이	파리
2	**moth** [mɔθ]	모쓰	나방
3	**butterfly** [bʌ́tərflà]	버터어플라이	나비
4	**beetle** [bíːtl]	비이틀	딱정벌레
5	**grasshopper** [grǽshapər]	그래스하퍼어	메뚜기
6	**cockroach** [kákròutʃ]	카크로우취	바퀴벌레
7	**firefly** [fáiərflài]	파이어어플라이	개똥벌레
8	**dragonfly** [drǽgənflài]	드래건플라이	잠자리
9	**cricket** [kríkit]	크리킽	귀뚜라미
10	**mosquito** [məskíːtou]	머스키이토우	모기
11	**ant** [ænt]	앤트	개미
12	**honeybee** [hʌ́nibiː]	허니비이	꿀벌

다음 단어의 의미를 빈 칸에 써 보세요.

번호	단어 [발음기호]	발음	의미
1	**fly** [flai]	플라이	
2	**moth** [mɔθ]	모쓰	
3	**butterfly** [bʌ́tərflà]	버터어플라이	
4	**beetle** [bíːtl]	비이틀	
5	**grasshopper** [grǽshapər]	그래스하퍼어	
6	**cockroach** [kákròutʃ]	카크로우취	
7	**firefly** [fáiərflài]	파이어어플라이	
8	**dragonfly** [drǽgənflài]	드래건플라이	
9	**cricket** [kríkit]	크리킽	
10	**mosquito** [məskíːtou]	머스키이토우	
11	**ant** [ænt]	앤트	
12	**honeybee** [hʌ́nibiː]	허니비이	

다음 문장을 읽고 해석을 확인해 보세요.

1. A fly is a small insect with two wings.

2. A moth is an insect like a butterfly.

3. A butterfly is an insect with large colorful wings.

4. A beetle is an insect with a hard covering to its body.

5. A grasshopper has long legs and jumps high into the air.

6. About ten cockroaches live in my room.

7. We see many fireflies in the country at night.

8. Dragonflies have two sets of wings.

9. Crickets cry noisily near my room.

10. Mosquitos bite people and animals to suck their blood.

11. There is a mosquito in my room.

12. Honeybees make honey, and can sting.

1. 파리는 두 날개를 가진 작은 곤충이다.

2. 나방은 나비를 닮은 곤충이다.

3. 나비는 크고 다채로운 색깔의 날개를 가진 곤충이다.

4. 딱정벌레는 몸에 딱딱한 덮개를 가진 곤충이다.

5. 메뚜기는 긴 다리를 가지고 있고, 공중으로 높이 뛰어 오른다.

6. 약 10마리의 바퀴벌레가 내 방에 산다.

7. 우리는 시골에서 밤에 많은 개똥벌레를 본다.

8. 잠자리는 두 세트의 날개를 가지고 있다.

9. 귀뚜라미가 나의 방 근처에서 시끄럽게 운다.

10. 모기는 피를 빨기 위하여 사람들과 동물들을 문다.

11. 나의 방에 모기 한 마리가 있다.

12. 꿀벌은 꿀을 만들고, 찌를 수 있다.

17

Kitchen

다음 단어를 읽고 그 의미를 생각해 보세요.
(괄호 안에 있는 것은 발음기호입니다.)

refrigerator

[rifrídʒərèitər]

mixer

[míksər]

toaster

[tóustər]

plate

[pleit]

ladle

[léidl]

cupboard

[kʌ́bərd]

faucet

[fɔ́ːsit]

grill

[gril]

sink

[siŋk]

kettle

[kétl]

oven

[ʌ́vən]

cutting board

[kʌ́tiŋ][bɔːrd]

다음 단어의 발음과 의미를 확인해 보세요.

번호	단어 [발음기호]	발음	의미
1	refrigerator [rifrídʒərèitər]	리프리져레이터어	냉장고
2	mixer [míksər]	믹서어	믹서
3	toaster [tóustər]	토우스터어	빵 굽는 기구
4	plate [pleit]	플레이트	접시
5	ladle [léidl]	레이들	국자
6	cupboard [kʌ́bərd]	커버어드	찬장, 벽장
7	faucet [fɔ́ːsit]	포오싙	수도꼭지
8	grill [gril]	그릴	석쇠
9	sink [siŋk]	씽크	(부엌의) 씽크대, 물 버리는 곳
10	kettle [kétl]	케틀	주전자
11	oven [ʌ́vən]	어번	오븐
12	cutting board [kʌ́tiŋ] [bɔːrd]	커팅 보오드	도마

다음 단어의 의미를 빈 칸에 써 보세요.

번호	단어 [발음기호]	발음	의미
1	**refrigerator** [rifrídʒərèitər]	리프리져레이터어	
2	**mixer** [míksər]	믹서어	
3	**toaster** [tóustər]	토우스터어	
4	**plate** [pleit]	플레이트	
5	**ladle** [léidl]	레이들	
6	**cupboard** [kʌ́bərd]	커버어드	
7	**faucet** [fɔ́:sit]	포오싵	
8	**grill** [gril]	그릴	
9	**sink** [siŋk]	씽크	
10	**kettle** [kétl]	케틀	
11	**oven** [ʌ́vən]	어번	
12	**cutting board** [kʌ́tiŋ] [bɔ:rd]	커팅 보오드	

다음 문장을 읽고 해석을 확인해 보세요.

1. There two refrigerators in the kitchen.

2. My mother will buy a mixer for our family.

3. A toaster can toast bread deliciously.

4. This is a soup plate.

5. A ladle is a large, round, deep spoon.

6. A cupboard can store many things in the kitchen.

7. I turn off a faucet to save water.

8. I have two grills for toasting meat.

9. We mainly wash the dishes in a sink.

10. Boil water in the kettle.

11. Take the cake out of the oven.

12. We cut meat and vegetables on a cutting board.

1. 부엌에 두 대의 냉장고가 있다.

2. 우리 어머니는 우리의 가족을 위해서 믹서를 살 것이다.

3. 빵 굽는 기구(토스터)는 빵을 맛있게 구울 수 있다.

4. 이것은 수프 접시다.

5. 국자는 크고, 둥글고, 깊은 숟가락이다.

6. 찬장은 부엌에서 많은 물건들을 보관할 수 있다.

7. 나는 물을 절약하기 위해서 수도꼭지를 잠근다.

8. 나는 고기를 굽기 위한 두 개의 석쇠를 가지고 있다.

9. 우리는 주로 씽크대에서 설거지를 한다.

10. 주전자에 물을 끓여라.

11. 오븐에서 케이크를 꺼내라.

12. 우리는 도마에서 고기와 채소를 자른다.

18
Living room

다음 단어를 읽고 그 의미를 생각해 보세요.
(괄호 안에 있는 것은 발음기호입니다.)

mirror
[mírər]

picture
[píktʃər]

telephone
[téləfòun]

vase
[veis]

sofa
[sóufə]

stair
[stɛə:r]

cushion
[kúʃən]

window
[wíndou]

curtain
[kə́:rtn]

stove
[stouv]

television
[téləvìʒən]

carpet
[kɑ́:rpit]

다음 단어의 발음과 의미를 확인해 보세요.

번호	단어 [발음기호]	발음	의미
1	**mirror** [mírər]	미러어	거울
2	**picture** [píktʃər]	픽쳐어	사진, 그림
3	**telephone** [téləfòun]	텔러포운	전화, 전화기
4	**vase** [veis]	베이스	꽃병
5	**sofa** [sóufə]	쏘우퍼	소파
6	**stair** [stɛəːr]	스떼어어	층계, 계단
7	**cushion** [kúʃən]	쿠션	쿠션, 방석
8	**window** [wíndou]	윈도우	창문
9	**curtain** [kə́ːrtn]	커어튼	커튼
10	**stove** [stouv]	스또우브	난로
11	**television** [téləvìʒən]	텔러비전	텔레비전
12	**carpet** [káːrpit]	카아핕	양탄자

다음 단어의 의미를 빈 칸에 써 보세요.

번호	단어 [발음기호]	발음	의미
1	**mirror** [mírər]	미러어	
2	**picture** [píktʃər]	픽쳐어	
3	**telephone** [téləfòun]	텔러포운	
4	**vase** [veis]	베이스	
5	**sofa** [sóufə]	쏘우퍼	
6	**stair** [stɛə:r]	스떼어어	
7	**cushion** [kúʃən]	쿠션	
8	**window** [wíndou]	윈도우	
9	**curtain** [kə́:rtn]	커어튼	
10	**stove** [stouv]	스또우브	
11	**television** [téləvìʒən]	텔러비전	
12	**carpet** [ká:rpit]	카아핕	

다음 문장을 읽고 해석을 확인해 보세요.

1. I look at myself in the mirror every morning.

2. There are two pictures on the wall.

3. May I use your telephone?

4. There are three vases in the room.

5. Please sit on the sofa.

6. Don't run down the stairs.

7. Cushions are soft and comfortable.

8. Please open the window.

9. Please draw the curtain.

10. I do my cooking on a gas stove.

11. She is watching television.

12. I often spill my coffee on the carpet.

1. 나는 매일 아침 거울에서 나 자신을 본다.

2. 벽 위에 두 개의 그림이 있다.

3. 제가 당신의 전화기를 사용할 수 있어요?

4. 그 방에는 세 개의 꽃병이 있다.

5. 소파에 앉으십시오.

6. 계단 아래로 뛰어 내려가지 마라.

7. 방석은 부드럽고 편안하다.

8. 창문을 열어 주세요.

9. 커튼을 쳐 주세요.

10. 나는 가스난로에 요리를 한다.

11. 그녀는 텔레비전을 보고 있는 중이다.

12. 나는 종종 양탄자 위에 커피를 엎지른다.

코파닉스 시리즈

한글만 알면 누구나 쉽게 배우는 한글 파닉스 영어
《코파닉스(전3권)》로 영어 동화를 읽어 보세요.

하루 10분씩 한 달만 공부해 영어 동화를
막힘없이 줄줄 읽고 이해하면
얼마나 신날까요?